Tratschke
fragt 57mal: Wer war's?
*Neue Geschichtsrätsel
aus dem ZEITmagazin*

Rasch und Röhring Verlag
Hamburg–Zürich

CIP-Kurztitelaufnahme der Deutschen Bibliothek

Tratschke:
Tratschke fragt 57mal [siebenundfünfzigmal]
Wer war's?: Neue Geschichtsrätsel aus d.
Zeitmagazin. — Hamburg: Rasch und Röhring, 1985.
ISBN 3-89136-020-7

Copyright © 1985 by Rasch und Röhring Verlag, Hamburg
Einbandgestaltung: Studio Reisenberger
Gesetzt aus der Leamington-Antiqua
Satzherstellung: alphabeta Gerds & Kohn GmbH, Hamburg
Druck und Bindearbeiten: Kleinsdruck, Lengerich
Printed in Germany

Inhalt

Das Tratschke-Spiel

Tratschke fragt: Wer war's? Dieses Ratespiel um bekannte Personen aus Geschichte und Gegenwart läuft in der »ZEIT« nun schon im zwanzigsten Jahr. Mehr als 700mal hat Tratschke aus dem Leben der Weltberühmten erzählt, der Dichter, Musiker, Maler und Philosophen, der Wissenschaftler, Erfinder, Entdecker und Politiker, hat ihre großen und kleinen Sorgen, ihre Alltags- und Familienprobleme, ihre Ängste, Träume, Eitelkeiten geschildert und dabei die glanzvollen Helden gewissermaßen von hinten gezeigt, aus kaum bekannter Perspektive, hat sie von ihren Denkmalssockeln heruntergeholt und wieder menschlich gemacht, um dann zu fragen: Wer war's?

● Wer war's, der als so überaus sensibel und empfindsam galt, aber anderen gegenüber so egoistisch, so unvorstellbar rücksichtslos sein konnte, daß er sich bei Bekannten, die ihm für zwei, drei Nächte Unterkunft gewährt hatten, über sieben Jahre einnistete und sich nicht vertreiben ließ?

● Wer war's, der aus purer Bequemlichkeit und weil er lieber nach Italien reisen wollte, auf den Ehrendoktor der Universität Cambridge verzichtete?

● Wer war die Frau, die ihrem Mann 13 Kinder gebar und ihr ganzes Leben voll in den Dienst ihres tyrannischen Mannes und seines Werks und der Kinder stellte und dann, nach 48jähriger Ehe, von ihm verlassen wurde? Und wer war der Mann?

Die Namen herauszufinden ist Aufgabe der Leser; wer indessen nicht drauf kommt, findet die Antworten am Schluß des Buches. Das also ist das Tratschke-Spiel, dessen Beliebtheit inzwischen bis nach Japan reicht, wo Studenten damit die deutsche Sprache und zugleich ein wenig Geschichte lernen sollen. Doch die Beliebtheit des Spiels und seine Langlebigkeit erlauben keinesfalls den Schluß, hier nur Amüsantes, Leichtes, Heiteres erwarten zu dürfen. Im Gegenteil: Nur zu oft endeten ehrgeizige Pläne in Alkoholismus und Drogensucht, nur allzuoft war alles Streben vergeblich, kamen Anerkennung und Ruhm zu spät. Aber vielleicht ist das Tratschke-Spiel gerade deswegen so beliebt, weil auch im vergeblichen Bemühen, im Unglücklich- und Unverstandensein der Großen zugleich etwas Tröstliches liegt, indem ihre Mißerfolge eigenes Scheitern und eigenes Unglück erträglicher machen.

Bleibt noch anzumerken, daß dieses Tratschke-Bändchen, das zehnte, nicht nur von allgemein bekannten Personen handelt, sondern auch von manchen, die zu Unrecht fast vergessen sind und die man eigentlich kennen sollte.

Gerhard Prause

1. Ihre schlimmsten Befürchtungen wurden weit übertroffen

Ach, sie war so kämpferisch gewesen, so erfolgreich, und sie hatte so gut ausgesehen, war überall »gut angekommen«, aber jetzt, als Siebzigjährige, zu schwer und mit kranken Beinen, die sie kaum noch trugen, fühlte sie sich am Ende. »Nach 70 gehört man nicht in die Welt«, schrieb sie in ihr Tagebuch. Und ein paar Tage später: »Ich bleibe auf meinem Fauteuil wieder stundenlang sitzen, wie eine blöde Schildkröte. ›Physische und geistige Trägheit im Alter ist physiologisches Gesetz‹, las ich heute. Ganz richtig . . .«

Aber dann, unter dem Datum 30. Jänner, die völlig überraschende Eintragung: »Kaufe plötzlich ein Haus in Südsteiermark. Nun ja, interessante Kapitalanlage. Es scheint wirklich, daß der Mann Geld braucht . . . und daher die Villa — die nach dem Bild recht hübsch aussieht — billig hergibt.« Als ein Freund sie warnte, ein Haus unbesehen zu kaufen, nur auf Grund einer Abbildung und noch dazu so weit weg, meinte sie: »Je nun — man muß manchmal auch etwas headlong tun.« Aber der Kauf des Hauses, zu dem sie trotz der Warnungen entschlossen war, beunruhigte sie doch.

Auch machten ihr wieder die Beine zu schaffen. Und ihr Aussehen: »Jeder mühsame Schritt vom Fauteuil zum Schreibtisch. Jeder Blick auch in den Spiegel bestätigt es: Aus mit dem öffentlichen Auftreten . . .« Gerade mit ihren Vorträgen hatte sie immer so große Wirkung erzielt. Allerdings auch mit ihren Büchern und Aufsätzen.

Unter dem 3. Februar notierte sie, daß sie mit Kati, die ihr den Haushalt führte, bei einem Notar und bei ihrer Bank war, »um den Villenkauf zu effektuieren«. Und eine gute Woche später — inzwischen war sie enttäuscht über die allgemeine politische Lage, über eine zunehmende »Kriegshetze« — schrieb sie ins Tagebuch: »Wieder einer meiner leeren faulen Tage. Der Gedanke an die Villa ist noch das, was mich am meisten freut.« Aber sie fügte hinzu: »Am Ende erleb’ ich’s gar nicht, sie zu sehen.« Und nach ein paar Tagen: »Bin also jetzt Besitzerin von Villa St. Rosalie. Ob ich dran Freude erleben werde?«

Obwohl sie sich, nach einer Abmagerungskur, in den folgenden Wochen zunehmend schlechter fühlte, reiste sie zusammen mit Kati am 23. Mai in die Steiermark. Und abends notierte sie: »Ankunft in Villa. Lage prachtvoll, aber abseits aller Kultur.« Und sie mußte einsehen: »Das ist ja unvermietbar.« Und: »Das wird mich kosten.« Nach zwei Tagen, noch in der Villa: »Beim Erwachen des Nachts ist mein erster Gedanke: Sterben. Ist ja vielleicht der einzige Weg zu wirklicher Ruhe.« Und wieder zwei Tage später: »Abschied auf Nimmerwiedersehen von meinem Besitz. Villenkoller kuriert . . .« Drei Wochen danach starb sie, im Alter von 71 Jahren. Ihr kleiner Traum von einem letzten privaten Glück war nicht mehr in Erfüllung gegangen.

Aber auch ihr großer Traum, bei dem es um das Schicksal der ganzen Menschheit ging und für des-

12

sen Verwirklichung sie gut vier Jahrzehnte lang gekämpft hatte, blieb unerfüllt. Wenige Wochen nach
ihrem Tod brach der Erste Weltkrieg aus. Es blieb
ihr erspart, die Verheerungen jenes Krieges noch
mit ansehen zu müssen. Doch hätte der Krieg sie
wohl kaum überrascht. Denn eigentlich bestätigte
er nur, was sie fast 25 Jahre zuvor in einem Zei-
tungsartikel warnend geschrieben hatte:
»Die Dinge stehen so: Millionenheere — in zwei La-
ger geteilt, waffenklirrend — harren nur eines Win-
kes, um aufeinander loszustürzen; aber in der ge-
genseitigen, zitternden Angst vor der unermeß-
lichen Furchtbarkeit des drohenden Ausbruchs
liegt einigermaßen Gewähr für dessen Verzögerung.
Hinausschieben ist jedoch nicht Aufheben. Die sogenannten ›Segnungen‹ des Friedens, welche das
bewaffnete Angstsystem zu erhalten strebt, die werden uns immer nur von Jahr zu Jahr garantiert, immer nur als ›hoffentlich‹ noch einige Zeit vorhaltend
hingestellt. Von der Abschaffung des Krieges, von
gänzlicher Aufhebung des Gewaltprinzips, davon
wollen die zur ›Aufrechterhaltung des Friedens‹
waffenbrüderlich verbündeten Gewalten nichts
wissen . . .«
Dies könnte heute geschrieben worden sein, so ak-
tuell ist es. Aber geschrieben wurde es vor nahezu
einem Jahrhundert. Die Schreiberin war damals 48
Jahre alt. Eigentlich — dem Stil jener Zeit entspre-
chend — nur dazu erzogen, sich mit Anmut und
Charme in den Adelskreisen der Donaumonarchie
zu bewegen, hatte sie sich als Dreißigerin entschlossen, ihre gute Erziehung — sie sprach außer

der deutschen Sprache fließend englisch, französisch, italienisch, später auch recht gut russisch — für etwas Wichtigeres einzusetzen, als in irgendwelchen Luxusbädern nach einem standesgemäßen Versorger Ausschau zu halten. Sie verdiente sich ihren Unterhalt selber, als Erzieherin, als Sekretärin, dann als Romanschreiberin. Sie heiratete einen sieben Jahre jüngeren Mann, der für dieselben politischen Ideen kämpfte wie sie und mit dem sie überaus glücklich wurde.

Von vielen verlacht und verspottet, fand sie doch rasch immer mehr Anhänger. Heute denken noch sehr viel mehr Menschen wie sie. Daß dennoch niemand wirklich die notwendigen Konsequenzen daraus zieht, obgleich die Bedrohung der Welt unvergleichbar größer ist, als sie zu ihrer Zeit war, das hätte sie sich wohl nicht träumen lassen.

Wer war's?

2. ». . . zu unpraktisch, zu faul, zu schwer von Entschluß . . .«

Als die Universität Cambridge ihn mit der Verleihung eines Ehrendoktortitels auszeichnen wollte, winkte er ab. Es war ihm einfach zu unbequem, nach Cambridge zu fahren. Und das schrieb er den Honoratioren der altehrwürdigen Universität auch ganz unverblümt: »Ich kann nicht nach Cambridge gehen, ohne auch London zu besuchen, in London aber wie vieles zu besuchen und mitzumachen — das alles aber im schönen Sommer, wo es auch Ihnen gewiß sympathischer wäre, mit mir an einem schönen italienischen See zu spazieren.«
Zweimal hatte er das Angebot aus Cambridge abgelehnt, was indessen nicht hieß, daß er gegen Anerkennung und Ehrungen unempfindlich gewesen wäre. Eine seiner Verehrerinnen ermunterte er sogar, ihn und sein Werk dann und wann zu loben: »Unterdrücken Sie . . . nicht«, schrieb er, »was Sie mir Freundliches . . . sagen können. Es tut doch immer wohl, gestreichelt zu werden, und die Menschen sind im allgemeinen stumm, bis sie ›was zu nörgeln haben‹.« Doch blieb er Lob gegenüber stets auch mißtrauisch. Und so schloß er jenen Brief: »Nochmals allerschönsten Dank, und wenn sie etwa doch aus Güte den letzten Brief überzuckert haben sollten, so schicken Sie die Pfefferbüchse nach . . .«
Eigentlich war Mißtrauen in seinem Fall kaum berechtigt. Er war schon als Zwanzigjähriger über-

schwenglich gelobt worden und hatte dann immer mehr Anerkennung gefunden. Der Endzwanziger schrieb zwar: »Aber wenn man so auf die Dreißig losgeht und fühlt sich schwach wie ich, dann sperrt man sich gern ein und sieht die Wände in seiner Betrübnis an«, tatsächlich jedoch hatte er ein recht stabiles Selbstbewußtsein, und eingesperrt hatte er sich auch nicht. Sein Leben lang hatte er viele Freunde, auch Freundinnen, er war beliebt und nicht ungesellig, wenngleich er sich früh entschloß, ohne feste Partnerschaft durchs Leben zu gehen.

Zu diesem Entschluß mag seine Neigung zur Bequemlichkeit beigetragen haben. Doch lag der Hauptgrund in seiner Arbeit. Was sie betraf, kannte er keine Bequemlichkeit; seine ganze Kraft und jede Stunde widmete er seinem Werk. Er arbeitete keineswegs langsam, aber nur zögernd gab er fertige Arbeiten zum Druck, auch wenn sein Verleger immer wieder drängelte: »Thun Sie gar nichts mehr?«

Er hatte einen Verleger, der sich sehr für ihn einsetzte. Doch wurde auch er — wie damals üblich — nicht an der Auflage beteiligt, sondern wurde für jede gedruckte Arbeit nur ein einziges Mal bezahlt. Dies hatte ihn gestört. Ihn ärgerte dies »leidige Geldverhältnis, wie es zwischen . . . [uns] und Verlegern leider noch üblich ist. Wir . . . werden darin wie Kinder und Unmündige behandelt; wir wissen nicht im geringsten, was und wie eigentlich bezahlt wird.«

Er selber wurde vergleichsweise hoch bezahlt. Überdies verdiente er auf andere Weise so viel, daß er — zumal ohne Familie — alles in allem sein gutes Auskommen hatte. Wenn er jedoch an seine Fachkollegen dachte, war ihm klar, daß solche Pauschalhonorierung geändert werden müßte, zumal ihm nicht verborgen blieb, daß sein Verleger mit einigen seiner Werke ein Vermögen machte. Er machte sich Vorwürfe: »Aber Unrecht ist es, daß ich bei meiner Beliebtheit nicht diese Änderung durchgesetzt habe.« Entschuldigend führte er wieder seine Bequemlichkeit an: »Ich bin aber zu unpraktisch, zu faul, zu schwer von Entschluß — und bei meiner traurigen Solo-Stellung persönlich eben nicht interessiert — Unrecht aber ist es doch.«

Abgesehen von der leidenschaftlichen Liebe des Zwanzig- bis 23jährigen zu einer verheirateten, fast 14 Jahre älteren Frau und Mutter von sechs Kindern, verlief sein Leben ohne Dramatik. Zur einzigen größeren Enttäuschung, die er sein Leben lang nicht verwand, kam es, als seine Vaterstadt ihm nicht die Stellung anvertraute, auf die er gehofft hatte. Drei Jahrzehnte später hatte er die Genugtuung, daß man ihm den Posten doch noch anbot. Da lehnte der 62jährige ab. Drei Jahre später starb er an Leberkrebs, den sein Arzt als »kleine bürgerliche Gelbsucht« diagnostiziert hatte.

Wer war's?

3. »... ist fressen besser als gefressen werden.«

Nichts auf dieser Welt schien dem Jüngling Freude machen zu können. In seiner puritanisch-asketischen Lebenseinstellung zeigte er einen geradezu physischen Abscheu vor allem, was mit Lustigsein oder gar Amüsement zusammenhing. Kein Wunder, daß der 17jährige Selbstmordgedanken hatte und seinen Werther-Monolog schrieb:

»Immer einsam mitten unter Menschen, so betrete ich mein Zimmer, um zu träumen, still für mich, mich meiner Melancholie in deren ganzer Schärfe hinzugeben. Wohin wird sie mich heute treiben? In den Tod?... Welche Furie ist es, die mich in die Selbstvernichtung peitscht? Wirklich, was soll ich noch in dieser Welt beginnen? Da ich schon sterben muß, ist es dann nicht genausogut, Hand an mich selbst zu legen?... Da mir nichts Freude macht, wozu trage ich dann an den Tagen, die nichts zum Gewinn ausschlagen läßt? Wie weit hat sich der Mensch von der Natur entfernt! Wie feige ist er doch und wie verderbt und wüst!... Das Leben ist mir eine Last geworden, weil ich nicht Freude schmecke, nur Schmerz, weil die Menschen, mit denen ich lebe und wohl immer leben werde, es auf eine Weise tun, die von der meinen so verschieden ist wie der Mond von der Sonne...«

Die Menschen seiner Zeit waren — so schien es ihm wenigstens — kleinlich, bestechlich, intrigant; das Leben in der Gesellschaft hielt er in einem unerträglichen Maße für erotisiert. Alles schien den Frauen untertan, und um Karriere zu machen, kam es vor allem darauf an, die richtigen Betten zu finden. Größe, Tugend, Idealismus waren nicht gefragt; wie alle echten Werte wurden sie im Keim erstickt . . . Das war es, womit er seinen »allgemeinen Abscheu« vor den anderen begründete.

Als Abonnent einer Leihbücherei war er auf die Werke Rousseaus gestoßen; da glaubte er die Welt so beschrieben, wie sie hätte sein sollen. Für Jean-Jacques Rousseau — so sagte er später — hätte er gern sein Leben gegeben. Aber er hat sein Leben weder für Rousseau noch für irgendwen sonst gegeben, und er hat es sich auch nicht genommen. (Hätte er es getan, rechtzeitig, dann wäre vielleicht Millionen Menschen sehr viel Leid erspart geblieben.) Er begnügte sich damit, einen Roman zu schreiben, und seinen Helden, dem er autobiographische Züge gab, sterben zu lassen. Wie er selber konnte auch sein Romanheld, ein junger Offizier, in der Gesellschaft nicht recht Fuß fassen; auch er »konnte sich an jene kleinen Förmlichkeiten nicht gewöhnen. Seine begeisterungsfähige Phantasie, sein feuriges Herz, seine kühle Intelligenz konnten nicht umhin, die Affektationen von Kokotten langweilig zu finden.«

Eine Wende im Leben seines Helden schien einzutreten, als er sich in ein junges Mädchen verliebte. Er heiratete, nahm als Offizier seinen Abschied und lebte nur noch für Frau und Kinder. Eines Tages jedoch mußte er feststellen, daß sich in seinem Leben eigentlich nichts geändert hatte: Das Glück war nicht gekommen. Da Krieg war, kehrte er zurück in die Armee, wo er »in allem Erfolg« hatte und sein Name »zum Signal des Sieges« wurde. Doch verlor er nun die Liebe seiner Frau, und da er »mit 26 Jahren alle kurzlebigen Ruhmesfreuden ausgeschöpft hatte«, suchte er in der nächsten Schlacht den Heldentod.

Anders der Autor des (übrigens unveröffentlicht gebliebenen) Romans, der ebenfalls nicht das wahre Glück fand, als er sich verliebte und mit einer um einige Jahre älteren Witwe die Ehe einging. Was eigentlich Glück ist, hatte er ein Jahr zuvor darzustellen versucht, in einem Essay, mit dem er sich um einen von einer Akademie ausgeschriebenen Preis bewarb: Glück sei Liebe zum Heimatboden, hatte er da ausgeführt, Liebe zu seinem Volk, seinen Freunden und zu seiner Familie — nicht aber Liebe zu Frauen. »Wenn ich die spartanische und römische Ära mit der unseren vergleichen soll«, schrieb er, »würde ich sagen: Heute untersteht der Mensch der Herrschaft der Liebe, damals unterstand er der Heimatliebe.«

Die Akademie muß wohl anderer Meinung gewesen sein. Nicht nur, daß seine Arbeit nicht ausgezeichnet wurde, sie war nicht einmal unter denen, die man für erwähnenswert hielt. Inzwischen hatte auch er einen neuen Standpunkt gefunden. Nicht mehr von Todessehnsucht schrieb der 29jährige, sondern von Tatendrang — genauer: Jetzt zeigte er sein Streben nach Macht. »Mir bleibt nichts übrig, als ein wahrhafter und absoluter Egoist zu werden«, schrieb er einem seiner Brüder. Und ein anderes Mal: »Unter so vielen gegensätzlichen Ideen und so vielen voneinander abweichenden Perspektiven verliert der anständige Mensch die Orientierung und verzweifelt, und der Skeptiker wird schlecht... Wenn man sich schon auf eine Seite schlagen muß, dann mag man sich genausogut auf die der Sieger schlagen, auf die Seite, die vernichtet, plündert und in Brand steckt. Bedenkt man die Alternative, ist fressen besser als gefressen werden.« Das waren nicht mehr nur Redensarten — das war ein Programm. Und er hat sich daran gehalten. Ein paar Jahre später schickte er sich an, ganz Europa zu fressen.

Wer war's?

4. »Wir wurden Betrüger und Schweine genannt.«

Als Siebzigjähriger fühlte er sich noch voll auf der Höhe seiner Schaffenskraft, obwohl er wenige Jahre zuvor sehr krank gewesen war. Weitab von der Großstadt hatte er sich nun ein geräumiges Haus gebaut, für sich und seine Frau. »Es mag wohl nicht allzu früh sein, wenn mit 70 Jahren einem Künstler ein Haus zu bauen möglich wurde«, meinte er später in seinen Lebenserinnerungen.

Sein siebzigster Geburtstag sollte als besonderes Fest in dem gerade fertig gewordenen Haus gefeiert werden. Viele Vorbereitungen waren von seiner Frau getroffen, zahlreiche Freunde geladen worden, aber dann kam es ganz anders. Zwar war — so schrieb er später — »auf unserer sogenannten ›Festwiese‹ neben den hochgewachsenen Staudenblumen ein langgedeckter Tisch mit 70 Lichtern darauf, daran meine ländlichen Verwandten, einige Geschwister meiner Frau und die zugereisten Freunde saßen. Es wurde viel gesprochen und geredet. Wir saßen an dem schönen stillen Abend im Freien bis zwölf um Mitternacht — eine Seltenheit, dies zu können hier in unserem nordischen Klima.«

Aber es war kein wirklich fröhliches, kein unbeschwertes Fest. Viele der ursprünglich geladenen Freunde waren ferngeblieben, manche auch wieder ausgeladen worden; denn es war zu befürchten, daß die zu jener Zeit über Deutschland herrschenden Nazi-Funktionäre ein so großes Fest als Provo-

22

kation auffassen könnten. Er gehörte nämlich seit kurzem zu jenen, deren Arbeiten abgelehnt wurden. Das bedeutete Verfemung, Verfolgung, vielleicht das Ende. Ihre Werke galten plötzlich als »artwidrig«, als eine »Kunst, die versucht, das gesunde Gefühl eines Volkes zu verwirren«. Sie durften nicht mehr gezeigt werden. Sie wurden beschlagnahmt, verschwanden aus den Museen, wurden ins Ausland verkauft oder gingen verloren. Und viele der »Entarteten« durften nicht mehr ausstellen, sondern erhielten Berufsverbot. Zu diesen gehörte er.

Er versuchte sich zu verteidigen: »Ich schrieb Briefe, mich schärfstens wehrend, sagend, so viel ich sagen konnte und durfte. Ich schrieb, daß ich als geborener Bauernsohn von neun hintereinander auf gleichem Hof wohnenden Geschlechtern der erste sei, welcher vom Dorf in die Welt hinausgezogen wäre, ich sei nicht ›entartet‹, meine Kunst sei gesund und stark; sie enthalte keine ›Übertreibungen‹ oder Spitzfindigkeiten, keine gewaltsame Stilisierung oder geringste Anzeichen von Dekadenz oder Schwäche . . .« Und er fragte, »ob es nur in der Wirtschaft, in der Technik, in der Politik erlaubt sei, Erfindungen zu machen und Neuerungen einzuführen, und ob, wenn ich wirklich etwas Außergewöhnliches gemalt haben sollte, dies ein Fehler sei«?

Er mußte einsehen: »Mit geistigen Waffen war nichts zu erreichen . . . Es war alles so trostlos häßlich. Und nicht einmal eine Antwort war ein ›entarteter Maler‹ wert. Dazu noch wurden wir Künstler in großen, öffentlichen Reden ›Betrüger‹ und ›Schweine‹ genannt, und der oberste Parteirichter in München erklärte: ›Die Maler dieser Bilder gehören an die Wand gestellt!‹«

Noch war er nicht offiziell verboten, noch durfte er arbeiten. Aber dann wurde er aufgefordert, seine gesamte Produktion der vorausgehenden zwei Jahre an die »Reichskammer der bildenden Künste« einzusenden. Er schickte 54 Werke hin, sieben Gemälde, ein Litho und 46 Aquarelle. Unter dem Datum vom 23. August 1941 ging dem inzwischen 74jährigen per Einschreiben folgender Bescheid des Präsidenten der »Reichskammer der bildenden Künste« zu:

»Anläßlich der mir z. Zt. vom Führer aufgetragenen Ausmerzung der Werke entarteter Kunst in den Museen mußten von Ihnen allein 1052 Werke beschlagnahmt werden. Eine Anzahl dieser Ihrer Werke war auf den Ausstellungen ›Entartete Kunst‹ in München, Dortmund und Berlin ausgestellt ... Auf Grund des § 10 der Ersten Durchführungsverordnung zum Reichskulturkammergesetz vom 1. 11. 33 (RGBl. I. S. 797) schließe ich Sie wegen mangelnder Zuverlässigkeit aus der Reichskammer der bildenden Künste aus und untersage Ihnen mit sofortiger Wirkung jede berufliche — auch nebenberufliche — Betätigung auf den Gebieten der bildenden Künste ...«

Als ihm dieses Malverbot ausgehändigt wurde, stand er, so schrieb er später, »mitten im schönsten, produktivsten Malen. Die Pinsel glitten mir aus den Händen. Die Nerven eines Künstlermenschen sind

24

empfindlich, sein Wesen scheu und sensibel. Ich litt seelisch, weil ich glaubte, meine vollreifsten Werke noch malen zu müssen . . .«

Das aber war ihm erst möglich, als der ganze Spuk vorüber war. Dankbar schrieb er später: »Ich konnte noch malen! Man wußte es selbst kaum mehr, ob es noch möglich sei.« Da hatte er noch fast ein volles Jahrzehnt vor sich, in dem er malen und an seinen Erinnerungen arbeiten konnte, bis er in seinem 88. Lebensjahr starb.

Wer war's?

5. Weil der Eiffelturm ihn zu sehr ärgerte ...

»Ich langweile mich ununterbrochen«, schrieb er einer seiner Verehrerinnen, »alles widert mich an, die Menschen, die ich sehe, und die Ereignisse, die sich immer gleichbleiben.« Und einer anderen schrieb er: »Alles ist mir ziemlich egal in meinem Leben, Männer, Frauen, Geschehnisse. Da haben Sie mein wahres Glaubensbekenntnis, und ich füge hinzu, was Sie vielleicht nicht glauben, daß mir an mir selbst nicht mehr liegt als an den anderen. Alles teilt sich in Langeweile, Ulk und Misere auf. Ich nehme alles mit Gleichgültigkeit. Zwei Drittel meiner Zeit verbringe ich damit, mich gründlich zu langweilen.«

Aber nahm er wirklich alles mit Gleichgültigkeit, wie er behauptete? War ihm wirklich alles egal? Als der Eiffelturm gebaut wurde, blieb er keineswegs gleichgültig, sondern regte sich sogar sehr über »das scheußliche Riesenskelett« auf, ja, so schrieb der 39jährige nach der Fertigstellung des Turms: »Ich habe Paris und sogar Frankreich verlassen, weil der Eiffelturm mich schließlich zu sehr ärgerte.«

Mit seinem Ärger stand er keineswegs allein. Einige seiner Kollegen haben sich ebenfalls über das Bauwerk geärgert. Ein Kollege, der an die dreitausend Kilometer entfernt wohnte und sicher sein konnte, den Turm nie zu Gesicht zu bekommen, erregte sich, es sei eine völlige Verirrung des menschlichen

Geistes, geboren aus der Langeweile, so viel Stahl zu verschwenden, nur um den Menschen einzureden, es sei ein Erlebnis, auf diesen Turm hinaufzuklettern und von oben herunterzuschauen.

Aber während der Eiffelturm jenem fernen Kollegen nur ein Beispiel neben anderen menschlichen Lastern — wie Rauchen, Trinken und das Einnehmen von Drogen — zu sein schien, bereitete der Turm ihm »ein quälendes Alpdrücken«. Und er warf die Frage auf, »was man von unserer Generation halten wird, wenn diese lange, magere Pyramide aus eisernen Leitern, dieses scheußliche Riesenskelett nicht in Kürze, gelegentlich einer Volkserhebung, wieder zerstört wird, dieses Monstrum, dessen Basis für ein Zyklopendenkmal gemacht zu sein scheint und zur lächerlichen, dünnen Silhouette eines Fabrikschlots verkümmert«.

Und den Zeitungen warf er vor: »Wie konnten sie es nur wagen, uns in Verbindung mit diesem metallenen Gerippe von neuer Architektur zu sprechen! Denn die Architektur, diese heute am wenigsten verstandene und bei den meisten in Vergessenheit geratene Kunst, ist doch nachgerade die am stärksten mit Ideen gesättigte aller Künste.«

Früher, so schrieb er weiter, habe es in der Architektur noch wirkliche und bedeutende Ideen gegeben. Und deswegen habe die Architektur durch den Lauf der Jahrhunderte den Vorzug gehabt, jede Epoche gleichsam zu symbolisieren.

Beim Eiffelturm, so habe man argumentiert, handle es sich um die Lösung einer Konstruktionsaufgabe. »Aber«, hielt er dagegen, »genützt hat sie niemandem.« Er jedenfalls »ziehe diesem abwegigen, naiven Versuch, den Turmbau in Babel zu wiederholen, bei weitem jene Idee vor, die schon im 12. Jahrhundert die Erbauer des Turms von Pisa hatten«. Er war überzeugt, der Turm von Pisa sei absichtlich so schief gebaut worden, »um der verblüfften Nachwelt zu beweisen, daß der Schwerpunkt nichts ist als ein unnützes Vorurteil der Ingenieure und daß die Baudenkmäler auch ohne ihn zurechtkommen, ohne ihn schön aussehen und noch nach siebenhundert Jahren mehr Besucher anziehen können als der Eiffelturm nach sieben Monaten . . .«.

Ihm war der Eiffelturm, dieses »eiserne Gespenst, aufgeputzt für die Augen von Indianern«, ein Indiz dafür, daß die »mächtige Bewegung der künstlerischen Jahrhunderte erloschen« schien. Und dies veranlaßte ihn, Florenz und andere italienische Städte wiederzusehen und seine neuen und älteren Reisenotizen über seine Irrfahrten zwischen Porto Maurizio, Venedig, Palermo und Tunis zu einem zauberhaften Buch zusammenzustellen.

Wer war's?

6. Die Mutter warf ihr Egoismus vor

Sie war voller Lebensfreude, voller Hoffnung und Optimismus, voller Kraft und Mut, das zu erreichen, was ihr als Ziel von jung auf vor Augen stand. »Ich fühle eine feine junge Kraft in mir, die mich jauchzen und jubeln macht ... Das Leben ist mir gleich einm kräftigen knusprigen Apfel, in welchen die jungen Zähne mit Vergnügen beißen, sich ihrer Kraft bewußt und ihrer froh«, schrieb sie kurz vor ihrem 23. Geburtstag in ihr Tagebuch. »Ich finde es schade, des Abends zu Bette zu gehen. Mein Gefühl der Kraft will weiter kämpfen, sich immer und immer wieder bewußt werden, wachen, nicht ruhen ... Ich lebe.«

Immer wieder schrieb sie so, in ihren vielen Briefen an die Eltern, an die Geschwister, später an den geliebten Mann. Und immer zeigte sich, wie bewußt sie lebte: wach, empfindsam, mit offenen Poren alles in sich aufnehmend, die Landschaft, das Dorf, in dem sie eine Zeitlang wohnte und arbeitete, die Menschen dort, die Tiere, die Bäume, die Blumen, die Dinge, mit denen sie sich umgab. »Ich habe eine Nachtigall gehört ... Neulich abends zirpte eine Grille und über mir schwirrte eine Fledermaus. Das Leben wird immer schöner.«

Früh erkannte sie, wieviel schwerer und trauriger viele Menschen ihr Leben zubringen: »Die Unglücksfälle schreiben sie sich ins Gedächtnis und memorieren sie fleißig; aber das Glück beachten sie nicht. Es ist für sie nur ein Übergangsstadium zu neuem Unglück. Arme, arme Welt. Mir geht's besser.«

Ihren Vater, dem — so schrieb sie einmal — »sein Leben auch zu schwer und der Tage zu viele waren, die die Lichtlein und Kerzen und Feuerbrände in ihm auslöschten«, und der sich stets Sorgen machte, wie er die Familie mit den sechs Kindern überhaupt durchbringen könne, versuchte sie einmal zu trösten: »Auf daß Dir Dein Leben leichter werde, wenigstens nicht ganz so grau, so grau. Auf daß Du Dich dessen freust, was Du hast, und Dich nicht nach Dingen sehnst, die Du nicht hast. Das sind nur Dinge, die Du für uns Kinder wünschest. Aber gerade deshalb solltest Du es nicht, denn wir sind jeder in seiner Art glücklich genug.«

Da war sie 23. Einige Wochen zuvor hatte sie den Eltern von ihren Bemühungen, ihren Anstrengungen geschrieben: »Versuche mich wieder tief in meine Arbeit hineinzugraben. Man muß eben den ganzen Menschen der *einen*, ureinzigen Sache widmen. Das ist der Weg, wie etwas werden kann und wird . . . Es macht große Freude. Und doch ist es ein Kampf und ein Ringen mit aller Kraftanstrengung, was manchmal auch nicht so leicht ist, ein Kampf, in dem man in aller Stille kämpfen und siegen muß. Und wäre dieses Ringen nicht, wäre es dann so schön?« Und sie hatte hinzugefügt: »Dies schreibe ich hauptsächlich für Mutter, die, glaube ich, denkt, mein Leben sei ein einziger egoistischer Freudenrausch.«

Die Mutter hatte ihr wirklich manchmal Egoismus

vorgeworfen. Auch die Geschwister taten es. So verteidigte sie sich in einem Brief an eine ihrer Schwestern: »Ich fühle, daß alle Menschen sich an mir erschrecken, und doch muß ich weiter. Ich darf nicht zurück. Ich strebe vorwärts, gerade so gut als ihr, aber in meinem Geist und in meiner Haut und nach meinem Dafürhalten.«

Aber noch als fast 25jährige unterwarf sie sich dem elterlichen Beschluß, in Berlin eine Kochschule zu besuchen. Das geschah, als sie heiraten wollte. Sie liebte den Mann sehr, hatte aber nie die Absicht, als Ehefrau nur Hausfrau zu sein. Als sie acht Wochen lang kochen gelernt hatte, die Eltern aber meinten, das sei noch nicht genug, lehnte sie einen weiteren Besuch der Kochschule ab und schrieb der Mutter sehr energisch:

»Von Anfang an habe ich zwei Monate für meinen Berliner Aufenthalt festgesetzt. Ich habe meine Zeit gut angewandt, Mutter. Nun geht es aber nicht länger. In mir schreit etwas nach Luft, das will sich nicht besänftigen lassen . . . Ich habe hier ein großes Teil für den Haushalt gelernt. Daß ich nicht perfekt bin, weiß ich von selber. Aber dieses lernt sich ja auch nur in meinen eigenen Verhältnissen . . .«

Die Ehe wurde nicht so glücklich, wie sie erwartet hatte. Nach einem knappen Jahr notierte sie: »Es ist meine Erfahrung, daß die Ehe nicht glücklicher macht. Sie nimmt die Illusion, die vorher das ganze Wesen trug, daß es eine Schwesternseele gäbe. Man fühlt in der Ehe doppelt das Unverstandensein, weil das ganze frühere Leben darauf hinausging, ein Wesen zu finden, das versteht.«

Vier Jahre später entschloß sie sich, den Mann (und die Tochter aus dessen erster Ehe) zu verlassen, verließ ihn auch, versuchte dann aber doch einen Neuanfang mit ihm. Sie hatte sich vorgenommen, als Dreißigjährige in ihrer Arbeit zu sich selbst und der ihr gemäßen Ausdrucksform zu finden. Das ist ihr gelungen. Aber das war ja erst der Anfang zum Eigentlichen. Sie konnte nicht ahnen, daß der Anfang für sie schon das Ende sein sollte, das Ende ihres Lebens.

Im Alter von 31 Jahren schenkte sie einer Tochter das Leben, daheim, in dem alten Bauernhaus. »Als sie zum erstenmal aufstehen durfte, ging sie« — so berichtete eine Freundin —, »als Mann und Bruder sie stützen wollten, leicht vor ihnen her ins andere Zimmer, wo die Lichter angezündet waren, der Kronleuchter, ein Barockengel mit einem Lichterkranz um den Leib, und viele andere Kerzen. Da bat sie, man möchte ihr das Kind bringen, und als es bei ihr war, sagte sie: ›Nun ist es fast so schön wie Weihnachten.‹ Dann mußte sie plötzlich ihren Fuß hochlegen — und als man ihr zu Hilfe kam, sagte sie nur: ›Schade.‹« — Eine Embolie hatte ihrem Leben allzu früh ein Ende gemacht.

Wer war's?

7. Immer in Sorge um den einzigen Sohn

Als der Sohn fünf Jahre alt war, nahm er ihn mit auf Reisen und schrieb von unterwegs an die daheim gebliebene Mutter: »Ich behalte den Kleinen bei mir; er ist so artig, als sich nur denken läßt. Er hat schon vieles gesehen: den Schacht, das Pochwerk, die Porzellanfabrik, die Glashütte, die Mühle, worauf die Marmorkugeln zum Spiele der Kinder gemacht werden, und überall hat er etwas mitgenommen und spricht gar artig von den Sachen . . . Hier schickt er Dir einen weißen Pfefferkuchen, den er selbst gern gegessen hätte . . .«

Ein Jahr später gab er, der Vater, dem Sohn einen Lehrer. Zu ihm mußte der Sohn täglich »in die Schule gehen«. Es war allerdings keine Schule, in der der Sohn mit anderen Kindern zusammengekommen wäre, es war die Wohnung des Lehrers, in der der Sohn Privatstunden nahm. Am liebsten hätte der Vater den Sohn selber unterrichtet, doch war er zu häufig von zu Hause fort. Von Schulen hielt er nicht viel; er meinte, Jugendbildung sei eigentlich nichts anderes als das Hineinwachsen der Kinder in die geistige Welt und in die Geschäfte der Eltern, also ein natürliches Reifen, ausgerichtet vor allem am Vater als dem Vorbild.

Dies meinte auch die Großmutter, die Mutter des Vaters, und sie ermahnte den Enkel, als er neun Jahre alt war: »Danke Du Gott und Deinen lieben Eltern, die Dich alles Nützliche und Schöne so gründlich sehen und beurteilen lernen, daß Andere, die dieses Glück der Erziehung nicht haben, im dreißigsten Jahr noch Alles vor Unwissenheit anstaunen, wie die Kuh ein neues Tor. Nun ist es aber auch Deine Pflicht, Deinen lieben Eltern recht gehorsam zu sein und ihnen für die viele Mühe, die sie sich geben, Deinen Verstand zu bilden, recht viele, viele Freude zu machen.«

Und dann hielt sie dem Neunjährigen den Vater als Vorbild hin: »Ja, . . . ich weiß aus Erfahrung, was das heißt: Freude an seinem Kinde erleben. Dein lieber Vater hat mir *nie, nie* Kummer oder Verdruß verursacht. Drum hat ihn auch der liebe Gott gesegnet, daß er über Viele, Viele emporgekommen ist, und hat ihm einen großen und ausgebreiteten Ruhm gemacht, und er wird von allen rechtschaffenen Leuten hoch geschätzt. Da nimm ein Exemplar und Muster dran! Denn so einen Vater haben und nicht Alles anwenden, auch brav zu werden, läßt sich von einem so lieben Sohn nicht denken . . .«

Der Vater ließ dem Sohn, seinem einzigen Kind, viel Freiheit. Vor dem Einsatz von Zwang, vor Antreiben und Eingriffen hatte er eine große Scheu. Er war sogar überzeugt, daß man niemanden davor bewahren könne, Fehler zu machen; jeder Mensch könne nur aus seinen eigenen Fehlern lernen. Doch hielt er den Sohn dazu an, ihm über alles, was er erlebte, in kürzeren oder längeren Briefen zu berichten. Und der Sohn hielt sich dran. Von dem Zehnjährigen erhielt der Vater zum Beispiel diesen Brief: »Meine zwei jungen Täubchen, von denen ich Ihnen schon in einem Briefe geschrieben habe, sind

34

nicht mehr. Ich fand sie am Donnerstag früh tot, welches mir sehr leid tat. Doch nützten sie im Tode noch dadurch, daß sie meinem Falken Milvius ein köstliches Frühstück gaben.«

Stets war der Vater besorgt, dem Sohn Schwierigkeiten aus dem Weg zu räumen. Doch gelang es nicht in allen Fällen. Unannehmlichkeiten, die für den Sohn daraus erwuchsen, daß er lange nur den Namen der Mutter, nicht den des Vaters tragen durfte, waren nicht zu umgehen. Und daß der Sohn, darin Vater und Mutter nachstrebend, schon als Jüngling sehr viel, bald zu viel Wein trank, das bemerkte der Vater etwas spät. Seiner Liebe zu dem Sohn tat das keinen Abbruch. Er erfüllte ihm eigentlich jeden Wunsch. Den Primaner und später den Jurastudenten staffierte er gut aus (er selber hatte darunter gelitten, daß man ihn mit unmodischer Kleidung auf die Universität geschickt hatte), ließ ihn reiten, Fechtkurse besuchen, kaufte ihm teure Pistolen. Und als der Sohn mit dem Geld nicht auskam, schenkte er ihm, was ihm fehlte.

Bei alledem aber achtete er sehr darauf, daß der Sohn nicht in schlechte Gesellschaft geriet. Und er setzte alles daran, ihn von gefährlichen Abenteuern fernzuhalten, auch als der Sohn schon erwachsen war. Als der 22jährige sich — wie nahezu alle seine Freunde — als Kriegsfreiwilliger meldete, hat der Vater durch Beziehungen erreicht, daß der Sohn nicht ins Kampfgebiet kam, sondern daheim bleiben konnte.

Aber als die anderen Freiwilligen aus dem Kriege heimkehrten, übrigens ohne zum Einsatz gekommen zu sein, verspotteten sie den Daheimgebliebenen. Es kam zu einem Streit, bei dem der Sohn zum Duell gefordert wurde. Wieder setzte der besorgte Vater seinen Einfluß ein, und er verhinderte das Duell. Doch stand sein Sohn von da an isoliert und galt vielen als Feigling. Dem Vater schien es wichtiger, den Sohn gerettet zu haben.

Wer war's?

8. Er erlegte mehr als fünfzigtausend Tiere

Im Alter von 13 Jahren erlegte er sein erstes Wild, einen Fasan. Von da an wurde über seine jägerische Beute sorgfältig Buch geführt. Und dreißig Jahre nach seinem ersten Erfolgsschuß ging durch die Zeitungen eine Aufstellung seiner gesamten Jagdbeute. In jenen drei Jahrzehnten hatte er erlegt:

1302 Rothirsche, 66 Rottiere, 1596 Damhirsche, 96 Damtiere, 2506 grobe Sauen, 316 geringe Sauen, 798 Rehböcke, 121 Gemsen, 17 881 Hasen, 1627 Kaninchen, 4 Wisentstiere, 7 Elche, 3 Rentiere, 3 Bären, 3 Dachse, 26 Füchse, 1 Baummarder, 84 Auerhähne, 24 Birkhähne, 18 891 Fasanen, 703 Rebhühner, 95 Grouse, 3 Schnepfen, 56 Enten, 826 Reiher und Kormorane, 473 verschiedenes Wild, 1 Wal, 1 Hecht. In summa 47 513 Stück.

Nach nur wenigen Wochen mußte die Liste ergänzt werden. Inzwischen hatte er auf mehreren Jagdveranstaltungen so viel Wild geschossen, daß die Zeitungen melden konnten: »Während einer Jagd feierte er die Erlegung des fünfzigtausendsten Tieres.«

Einer seiner Vettern sagte von ihm: »Er ist ein bemerkenswert guter Schütze, wenn man bedenkt, daß er nur einen Arm hat.« Er machte noch viele Jagden mit und schoß noch sehr viele Tiere. In einer Rede vor Jägern sagte er einmal: »Wir alle folgen dem einen schönen Grundsatz, unser Wild zu hegen und zu pflegen, es waidmännisch zu jagen und in ihm, dem Geschöpf, den Schöpfer zu ehren...« Und er sprach »allen ehrlichen, edlen Waidmännern« seinen Dank aus, insbesondere jenen, die ihn auf seinen »Pürschen begleiten und dieselben interessant und zugleich glücklich zu gestalten bestrebt sind«.

Die Bemerkung seines Vetters, daß er nur einen Arm habe, darf übrigens nicht ganz wörtlich genommen werden. In Wahrheit hatte er zwei Arme, nur war der eine, der linke, infolge eines ärztlichen Kunstfehlers bei seiner Geburt kürzer und schwächer als der andere, weswegen er alleine ein Jagdgewehr nicht gut handhaben konnte. Beim Schießen mußte ein Gewehrträger ihm den Lauf halten. Auch das Essen mit einem normalen Tischbesteck war ihm nicht möglich. Fleisch zum Beispiel konnte er nicht selber schneiden, es sei denn, er hatte sein eigens konstruiertes Besteck bei sich, eine Kombination aus Messer und Gabel.

Daß der verkrüppelte Arm sein ganzes Leben beeinträchtigen würde, hatte seine Mutter schon bald gefürchtet. Über den Siebenjährigen schrieb sie: »Er hat eine kräftige Konstitution und wäre ein hübscher Bursche, hätte er nicht diesen unglückseligen linken Arm, der sich nun immer mehr bemerkbar macht, sogar seinen Gesichtausdruck, seine Haltung, seine Art, zu gehen und sein ganzes Benehmen beeinflußt, alle seine Bewegungen ungeschickt erscheinen läßt und ihn scheu und zurückhaltend macht...«

Die Großmutter, der sie dies schrieb, antwortete:

»Ich bin überzeugt davon, daß Du über Deinen lieben Jungen mit größter Sorgfalt wachst, aber mir kommt oft vor, als führe allzu große Sorge, allzu genaue, ständige Beobachtung gerade jene Gefahren herbei, die man doch eigentlich vermeiden will.«
Diese Warnung hat sich in seinem Fall erfüllt. Von der Mutter mit großer Härte dazu gezwungen, den verkrüppelten Arm durch körperliche Anstrengungen auszugleichen oder — wo dies nicht möglich war — ihn wenigstens zu kaschieren, hat er die als Makel empfundene Behinderung überkompensiert, indem der eigentlich empfindsame, scheue, intelligente Knabe sich mehr und mehr in die Rolle eines politischen Draufgängers hineinschauspielerte. Er wollte in allem der Beste sein, nicht nur als Jäger. Sein Vater hat einmal von ihm gesagt: »Mein Sohn wird nie erwachsen, er wird nie wirklich reif werden.«

Wer war's?

9. Kaufmann, Journalist, Spion, Schriftsteller — immer neu angefangen

Er mag auf die Vierzig zugegangen sein — das Jahr seiner Geburt ist nicht überliefert —, als er sein erstes bedeutendes Buch veröffentlichte. Es ging dabei um Projekte, die zur allgemeinen Hebung des wirtschaftlichen, gesellschaftlichen und kulturellen Lebens der Nation beitragen sollten. Er machte Vorschläge zur Verbesserung des Straßenbaus, zur Erweiterung des Banksystems, für den Ausbau verschiedener Versicherungsmöglichkeiten, er empfahl die Einführung einer Einkommenssteuer und zugleich die Einrichtung gemeinnütziger Anstalten und Bildungsakademien.

Das Buch machte einiges Aufsehen. Und von da an blieb er bis an sein Lebensende journalistisch und schriftstellernd tätig. Zuvor hatte er sich in allen möglichen Berufen und Unternehmungen versucht, fast immer ohne Erfolg. Die Eltern hatten gewünscht, daß er Prediger werden solle. Aber dem war er ausgewichen. Statt dessen versuchte er sich als Zwischenhändler in der Textilbranche, reiste mit Strümpfen und Kurzwaren, gründete eine Firma, die per Schiff Wein, Tabak und Bier transportierte. Doch scheiterte er damit und saß nun mit Schulden da. Trotzdem kaufte er eine Zibetkatzenfarm. Aber da er sie nicht bezahlen konnte, mußte er sich als Bankrotteur versteckt halten. Ihm fehlte offenbar — so formuliert es einer seiner modernen Interpreten — »die händlerische Engstirnigkeit, auf die sich die Zielstrebigkeit des idealen Kaufmanns gründet«.

Dennoch kam er immer wieder auf die Füße, indem er unermüdlich etwas Neues begann. Er wurde Verwalter einer Staatslotterie, betrieb eine Zeitlang eine Ziegelei. Und eines Tages betätigte er sich politisch, indem er sich an einem Aufstand beteiligte. Dabei hatte er zum erstenmal auf das richtige Pferd gesetzt; jedenfalls genoß er von da an für einige Jahre die Protektion des regierenden Herrscherhauses. Er schien ihm als Ratgeber in Wirtschaftsfragen gedient zu haben, auch als eine Art Meinungsforscher, vor allem aber als Kundschafter und Spion. Er reiste durch die Provinzstädte, und wenn er oppositionelle Gruppen ausfindig machte, meldete er dies der Regierung. Als überzeugter Anhänger des protestantisch-konstitutionellen Königs sah er darin eine ehrbare vaterländische Aufgabe, die überdies recht einträglich war.

Schwierigkeiten aber entstanden für ihn, als der König starb und die Opposition an die Regierung kam. Da steckte man ihn ins Gefängnis — wie es schien, auf unbefristete Zeit. Er sah gleich, daß er einer längeren Haft nicht gewachsen war, und so trug er der neuen Regierung seine Dienste an, als Kundschafter und Spion und zugleich als Journalist. Zu jener Zeit hatte er für seine große Familie zu sorgen, für Frau und sieben Kinder, und er hatte allenfalls die Wahl, ob er dies weiterhin tun wollte, nicht aber die Wahl verschiedener Möglichkeiten des Wie.

Man gab ihm die Chance, abermals von neuem zu

beginnen. In einer von ihm herausgegebenen Zeitschrift, die dreimal in der Woche erschien und die er fast alleine schrieb, setzte er sich mit regierungsfeindlichen Absichten auseinander, mit dem Ziel, sie zu widerlegen. Nebenher reiste er noch — wie zuvor — im Land umher und organisierte für die Regierung ein ganzes Beobachternetz. Und außerdem schrieb er eine lange Reihe von Aufsätzen und Büchern, in denen er sich mit den unterschiedlichsten Problemen und Erscheinungen auseinandersetzte, von der Arbeitslosigkeit und Fragen der Volkssouveränität bis zu Mondphasen und Geistererscheinungen.

Sein immenser Fleiß entsprach der Auffassung seiner Zeit, die »das Evangelium der Arbeit verkündete, Tag und Nacht zu wertschaffender Tätigkeit aufrief und jeden Luxus verdammte«. Ganz im Sinne dieses religiös begründeten Ethos schrieb er als Endfünfziger jenes Buch, das ihn unsterblich werden ließ. Der Held des Buches — Sohn eines reichen Kaufmanns, der aus Bremen stammte und eigentlich Kreutznaer hieß — wurde so berühmt, daß sein Name und sein einzigartiges Schicksal noch heute allgemein bekannt sind.

Auch er lebte, allerdings notgedrungen oder vielmehr infolge eigener Schuld, ganz und gar nach jenem Leistungsprinzip, nach dem Gott dem Menschen auferlegt, die Welt gleichsam noch einmal zu erschaffen, indem er sie neu erfährt, neu erfaßt, neu erfindet und bei alledem immer wieder Gottes Güte und Weisheit erkennt.

Erst nach jahrelangen Prüfungen erkannte sein Ro-

42

manheld: »Ich blickte jetzt mit solchem Abscheu auf mein vergangenes Leben zurück, und meine Sünden erschienen mir so furchtbar, daß meine Seele weiter nichts von Gott zu erhalten wünschte als die Errettung von der Last der Schuld, die mich niederdrückte und die mir alle Ruhe raubte. Was die Einsamkeit meines Lebens betraf, so war diese belanglos . . .«

Seinen Helden ließ er zu äußerlichem Reichtum kommen und zugleich Glück und Frieden finden und Dankbarkeit gegen Gott. Er selber setzte den finanziellen Gewinn seiner Bucherfolge dafür ein, um noch einmal als Kaufmann sein Glück zu machen. Aber ohne Erfolg. Fern von der Familie und auf der Flucht vor Gläubigern ist er, etwa siebzigjährig, gestorben.

Wer war's?

10. Mit zwei Metern Größe
die Schönste der Schönen

Obwohl sie ihrem Wesen nach mit Streit und Krieg wenig gemein hat, ja eigentlich das Gegenteil verkörpert, ist es ihretwegen immer wieder zu Streit, auch einmal zu einem Krieg gekommen. Als man sie fand — in mehreren Teilen übrigens —, kam es zum Streit darüber, wem sie nun eigentlich gehöre: den Griechen, Franzosen, Türken oder den Bayern. Einer bezahlte ihrem Finder 718 Piaster (weniger als 500 Mark) und ließ sie mit Stricken umwunden am Strand ihrer Insel entlang auf ein griechisches Schiff zerren, wobei es an Schulter, Rücken und Hüften zu Verletzungen kam. Später wurde behauptet, daß ihr dabei auch die Arme gebrochen worden seien; doch war das eine Übertreibung, aufgestellt von jenen, denen es gelang, sie von dem griechischen Schiff auf ein französisches zu bringen, auf dem sie einen Tag später ihre Insel verließ. Vier Monate lang segelte sie auf dem Schoner, nach Rhodos und Zypern, nach Alexandria, von da nach Athen (wo sie einem Experten vorgestellt wurde), dann wieder nach Alexandria und anschließend in den türkischen Hafen Smyrna. Dort kam sie auf ein anderes Schiff, das über Konstantinopel wieder zu ihrer Heimatinsel segelte (wo man inzwischen zwei Arme gefunden hatte, die aber mit ihr nichts zu tun hatten) und das sie schließlich, nach insgesamt fast einjähriger Reise, nach Paris brachte. Noch bevor sie einigermaßen frisch gemacht worden war und die Menschen mit ihrer zeitlosen Schönheit beeindruckte, erhob die bayerische Regierung Ansprüche: Die Schöne gehöre eigentlich nach München; denn das Theater auf ihrer Insel sei Privateigentum des bayerischen Kronprinzen, und von dort müsse sie doch wohl gekommen sein. Aber die Franzosen winkten ab: Mit dem Theater habe sie nichts zu schaffen. Freilich handelte es sich bei ihr nicht um eine Schauspielerin. Sie stammt aus höheren Regionen. Daran hatten auch die Bayern nie gezweifelt, die ihre Ansprüche nun nicht mehr weiter verfolgten. Einen Krieg, wie er schon einmal im Namen der Schönen inszeniert worden war, viele Jahrhunderte zuvor, wollten sie ihretwegen nicht anzetteln. Einige Jahrzehnte später aber, 1870, glaubten die Franzosen, sie vor den »Horden von Kantianern und Hegelianern«, womit sie die Preußen meinten, schützen zu müssen, und sie versteckten sie im Keller der Pariser Polizeipräfektur. Sie hat jenen und spätere Kriege überlebt.

Sie scheint unsterblich zu sein, so wie sie es als diejenige ist, die sie eigentlich darstellt. Als Unsterbliche hat sie vieles und viele überlebt, mehrere Ehen, zahlreiche Liebesaffären (denn eheliche Treue gehört nicht zu ihren Attributen) und auch jene berühmte Blamage, in der einer ihrer Ehemänner sie vor aller Augen bloßstellte . . .

Er war Schmied und genialer Erfinder. Eines seiner Meisterwerke war ein metallener Roboter, der für den König Minos die Insel Kreta bewachte, indem er sie dreimal täglich abging und alle Fremden fing und sie so fest an seinen sich glühend aufladenden

Körper drückte, daß sie verkohlten. Der Schmied, ihr Ehemann also, war seit seinem Sturz auf die Insel Lemnos verkrüppelt. Für sie, die die Schönheit liebte und die Harmonie, war das Grund genug, ihn mit einem Schöneren zu betrügen. Da schmiedete er ein metallenes Netz, so fein, daß die Maschen unsichtbar waren. Das warf er über sie und ihren Schönling, als sie sich liebten. Und als es Tag wurde, war sie mit ihrem Liebhaber nackt den schadenfrohen Blicken anderer ausgesetzt.

Daß sie nackt war, hat sie dabei am wenigsten gestört. Sie hat sich gerne so gezeigt, unanfechtbar in ihrer makellosen Schönheit. Und es hat sie auch nicht gestört, daß Generationen von kunstverständigen Gelehrten immer wieder ihre Maße prüfen zu müssen meinten. Bei ihr, die von der kleinen Insel kam und 202 Zentimeter groß ist, fanden sie mit Hilfe eines Meßzirkels heraus, daß der Abstand zwischen den Spitzen ihrer bloßen Brüste 28 Zentimeter beträgt und der zwischen der rechten Brust und dem Nabel ganz genauso groß ist. Und darüber schrieben sie mehr oder weniger kluge Bücher, die sie in keiner Weise anfechten.

Auch die alte Streitfrage, ob sie wirklich die Schönste ist, die schönste aller Darstellungen von sich selber, ficht sie nicht an. Möglich, daß jene andere, der man wegen ihres besonders schönen Hinterteils den Beinamen »Kallipygos« gegeben hat, die Schönbackige, aufregender ist. Sie aber braucht einen Vergleich nicht zu scheuen, denn unterhalb der Hüften hält sie sich noch immer bedeckt.

Wer ist's?

46

11. Immer und überall
   wollte er der Erste sein

Als Junge, oft kränkelnd, stellte er sich vor, einmal Flugzeugingenieur zu werden. Aber sein Vater, Rektor einer höheren Schule, beeinflußte ihn, die militärische Laufbahn einzuschlagen, und er empfahl den noch zur Schule gehenden Sohn in einem Brief an die zuständige Stelle als »sparsam, zuverlässig und im Turnen gewandt«.

Der Sohn schrieb in seinem beigefügten Lebenslauf, daß ihm zwei Jahre zuvor das Malheur passiert war, »den rechten Fuß beim Überspringen eines Baches zu brechen. Der Fuß wurde aber vorzüglich eingerichtet, und die Heilung ging sehr gut vonstatten, so daß ich trotz großer anstrengender Touren jeder Art niemals nachteilige Folgen verspürte ...« Er ergänzte noch: »Meine freie Zeit benütze ich teils zur Vorbereitung und zum Lesen, teils zu körperlichen Übungen wie Radfahren, Tennisspielen, Schlittschuhlaufen, Rodeln, Skifahren und so weiter.« Von den Schulfächern, schrieb er, interessierten ihn Mathematik und Naturwissenschaften.

Vielleicht hatte er gehofft, zu den Pionieren oder den Artilleristen zu kommen. Doch die lehnten ab. Etwa ein Jahr später nahm ihn die Infanterie. Nach einjähriger Ausbildung erhielt er eine Beurteilung, in der es hieß: »Im Schießen und Exerzieren war er ziemlich gut. Turnen, Fechten, Reiten genügend ... Er ist mittelgroß, schlank und körperlich noch etwas ungewandt und schwach...«, doch habe er einen »gefestigten Charakter, große Willenskraft« und zeige »guten Eifer«, sei »ordnungsliebend, pünktlich, gewissenhaft und kameradschaftlich, geistig genügend veranlagt und von strenger Dienstauffassung«, im großen und ganzen »militärisch brauchbar«.

Es vergingen noch einige Jahre, bis sich sein unbändiger Ehrgeiz zeigte, immer und überall der Erste zu sein, seine uneingeschränkte Härte gegen sich selbst, seine Furchtlosigkeit auch in scheinbar aussichtslosen Situationen, seine persönliche Tapferkeit, seine mitreißende Führernatur, seine bis zur Selbstverleugnung gehende Treue, aber auch seine listenreiche Verschlagenheit. Dies alles (und allerdings auch viel Glück) brachte ihm größte Erfolge, Aufstieg und höchste Auszeichnungen, legendäres Ansehen, ja weltweiten Ruhm. Es brachte ihm auch viel Neid.

Trotz seiner Karriere blieb sein Lebensstil einfach, ja bedürfnislos. Als er durch ein Buch viel Geld verdiente, das über Jahre hin ein Bestseller war, schrieb er in einem Brief: »Es ist erstaunlich, wieviel Geld man mit so einem Buch verdienen kann. Ich weiß gar nicht, was ich mit all dem Geld machen soll, das man mir ins Haus schickt. Ich kann es gar nicht brauchen. Mir genügt, was ich habe. Ich möchte auch nicht daran verdienen, daß ich schreibe, daß andere gefallen sind.«

Noch weniger gern mochte er indessen von dem so leicht verdienten Geld Steuern zahlen. Jedenfalls zeigen seine Steuerakten, wie er sich — schreibt sein

48

Biograph — »bemüht hat, das Einkommen aus seinen schriftstellerischen Arbeiten vor den Finanzbehörden zu verbergen«. Das mag erstaunlich anmuten; denn er war ja andererseits immer bereit, in unerschütterlicher Treue zu seinem Land und zu seinem Volk, insbesondere auch zu dem, der an dessen Spitze stand, alles zu opfern, sogar das Leben. Aber in seiner Sparsamkeit trennte er sich von Geld, wenn er es einmal hatte, nur schwer. Und als es um sein Land nicht mehr zum besten stand, riet er seiner Frau, das auf einer Bank liegende Geld auf verschiedene Filialen zu verteilen — in der naiven Vorstellung, es könnte, wenn seine Filiale von Bomben getroffen würde, eben einfach weg sein.

Offenbar hat er von Geld nichts verstanden, obwohl er sich immer für Mathematik interessierte und in der Lage war, im Kopf von jeder Zahl die siebzehnte Wurzel zu ziehen. Er wollte auch seinen Sohn für Mathematik interessieren. Aber dieser sagte viele Jahre später: »Mein Vater hatte drei Ziele für mich. Ich sollte ein guter Sportler, ein großer Held und ein guter Mathematiker werden. Er ist dreimal gescheitert.«

Zu jener Zeit war der Vater auf tragische Weise längst auch in seiner eigenen Karriere gescheitert: Ausgerechnet derjenige, dem er so lange die Treue gehalten hatte, zwang den 52jährigen, sich mit Gift das Leben zu nehmen (was jedoch erst Jahre später ans Licht kam).

Wer war's?

12. Am meisten fürchtete er sich
vor Ansteckung

Als er dreißig Jahre alt war, verliebte er sich. Das
geschah auf einer Reise nach Italien, die ihn nach
Mailand, Venedig, Rom, Neapel und Paestum
führte. Unmittelbar vor der Reise hatte er sein
Hauptwerk, das ihn — aber erst sehr viel später —
weltberühmt werden ließ, vollendet und es dem
Verleger Brockhaus anvertraut, der es sogleich in
Druck gab. Die Italienreise, die fast ein Jahr dauern
sollte, war als Bildungsreise, aber auch als Zeit der
Erholung gedacht, nach der großen Anstrengung,
die ihn sein Werk gekostet hatte. Um für den Ita-
lienaufenthalt genügend Geld zu haben, forderte er
von seinem Verleger eine sofortige Honorierung des
ganzen Buches. Als Brockhaus sich darauf nicht
einlassen wollte, wurde der Autor grob und warf
seinem Verleger Versäumnisse vor. Friedrich Arnold Brockhaus antwortete, daß er weitere Briefe
nicht mehr annehmen werde und die Korrespondenz mit ihm als beendet ansehe. Er schloß seinen
Brief:
»Was ich zu tun habe, weiß ich selbst und bedarf
dazu keiner Erinnerung, die in den sackgroben For-
men, worin Sie solche kleiden, ohnehin immer ent-
gegengesetzte Wirkungen hervorbringen.« Und
dann setzte der Verleger, offenbar im Zorn, etwas
sehr Schlimmes hinzu: »Ich hoffe nur, daß meine
Befürchtung, von Ihrem Werke blos Maculatur zu
drucken, nicht in Erfüllung gehen werde.«

50

Die Befürchtung des Verlegers, das Buch nicht gut verkaufen zu können, traf dann doch ein. In den ersten anderthalb Jahren wurden kaum hundert Exemplare abgesetzt. Der größte Teil der ersten Auflage endete tatsächlich als Makulatur.

Während seiner Italienreise ahnte der Dreißigjährige von diesem Mißerfolg noch nichts. Da hatte er sich, wie schon gesagt, verliebt, und dies — wie es schien — mit einiger Leidenschaft. Aus Venedig berichtete er seiner Schwester von seiner Liebe. Sie antwortete ihrem Bruder, von dem sie sehr gut wußte, wie unbeliebt er sich bei vielen Menschen machte — übrigens auch bei seiner Mutter —, weil er allen stets die Wahrheit sagte, nicht ohne Ironie: »Das Mädchen, die Du nennst, jammert mich sehr, ich hoffe zu Gott, Du hast sie nicht betrogen; denn Du bist ja gegen alles wahr, warum denn gegen so ein armes schwaches Ding nicht?« Und sie kritisierte: »Was Du für Kleinigkeiten von Deiner Frau forderst! Nur eben alles, wie alle.« Sie, die selber unverheiratet blieb, weil der Mann, den sie liebte, verheiratet war, und die unter dem Alleinsein litt, meinte: »Häusliches Glück ist wohl das Schönste, was uns dieses Dasein gibt, und die meisten gehen stumm, ohne Klage hin und haben es nicht und dürfen es nicht einmal suchen!«

Wer die Frau war, in die er sich so leidenschaftlich verliebt hatte, weiß man nicht. Nur ihr Vorname ist bekannt: Thea. So hieß auch jene Gräfin Guiccioli, die einen Monat bevor er ein zweites Mal nach Venedig kam, ebendort mit Lord Byron bekannt wurde. Vielleicht war sie wirklich seine große Liebe.

Jedenfalls hat er später folgendes von seinem ersten Venedigaufenthalt erzählt:

»Ich hatte ein Empfehlungsschreiben an Byron von Goethe. In Venedig wolle ich mit Goethes Brief zu ihm, als ich eines Tages ganz aufgab. Mit meiner Geliebten ging ich auf dem Lido spazieren, als meine Dulcinea in der größten Aufregung aufschrie: ›Ecco il poeta inglese‹; Byron sauste zu Pferde an mir vorüber, und die Donna konnte den ganzen Tag diesen Eindruck nicht loswerden. Da beschloß ich, Goethes Brief nicht abzugeben. Ich fürchtete mich vor Hörnern . . .« — Und er blieb unverheiratet.

Er war nun einmal von Natur aus mißtrauisch und pessimistisch. Nie verließ ihn die Furcht, betrogen oder bestohlen zu werden. Nachts schlief er immer nur mit einem Degen und einer schußbereiten Pistole neben sich. Noch mehr fürchtete er sich vor Ansteckung. Deswegen trug er unterwegs stets einen Lederbecher bei sich, um in Gaststätten nicht die allgemeinen Trinkgefäße benutzen zu müssen. Aus Neapel vertrieb ihn die Furcht vor der Cholera. Auch fürchtete er — wie übrigens viele seiner Zeitgenossen —, lebendig begraben zu werden, weswegen er später verfügte, daß seine Leiche über die gewöhnliche Zeit hinaus offen ausgestellt werden sollte.

Optimistisch war er seltsamerweise im Hinblick auf seine Lebensdauer. Er war überzeugt, sehr alt zu werden. Er sagte: »Ich werde uralt, mein langer Schlaf und mein guter Magen sagen mir das. Ich möchte 90 Jahre werden. Selbst bei den Achtzigern hat der Tod noch etwas Gewaltsames. Bei den Neunzigern gehen Leben und Tod ruhig ineinander über!«

Aber es kam anders. Als 72jähriger zog er sich eine Lungenentzündung zu. Nur wenige Tage später starb er. Kurz zuvor hatte er gesagt, er wolle auf seinem Grabstein nur seinen Namen stehen haben, »schlechterdings nichts weiter, kein Datum, noch Jahreszahl, gar nichts, keine Sylbe«. Und auf die Frage, wo er denn ruhen wolle, hatte er geantwortet: »Es ist einerlei, sie werden mich finden.«

Wer war's?

13. Sein Ziel: allen Betrug
und Schwindel zu bekämpfen

Obwohl er eine Abneigung gegen physische Gewalt hatte, trug er ständig eine Pistole bei sich. Er meinte, sich notfalls mit der Waffe verteidigen zu müssen. Daß er viele Feinde hatte, war ihm klar. Und dies war kein Wunder. Denn wenn er auch gegen physische Gewalt war, so doch nicht gegen Gewalt der Sprache. Und mit einer bestimmten Art von Sprache war er in höchstem Grade aggressiv. Sein erklärtes Ziel war, »von höherer Warte« aus zu enthüllen und anzugreifen. Er ließ Männer, die man bis dahin als ehrwürdig angesehen hatte und die als Vorbilder galten, plötzlich in ganz anderem Licht erscheinen; er demaskierte sie als Lügner, Bestecher, Meineidige, Korrupte, als Verführer, Dummköpfe, Feiglinge; er wurde nicht müde, ihre egoistischen, manchmal verbrecherischen Machenschaften aufzudecken.

Er war der Sohn eines Getreidehändlers. Mit noch nicht 17 Jahren, erzogen von Privatlehrern, meldete er sich freiwillig, um das von den Preußen angegriffene Schleswig-Holstein zu verteidigen. Doch wurde er als nicht kräftig genug abgewiesen. Dann aber fiel er Rekrutenwerbern einer anderen Armee in die Hände, wurde für ein paar Monate Soldat, schlug sich danach als Gelegenheitsarbeiter durch und schrieb nebenher für eine Zeitung kleine Berichte, wurde Reporter, Abgeordneter, dann Anwalt, heiratete die Tochter eines Richters, die ihm fünf

Kinder schenkte, und kaufte — inzwischen 31 Jahre alt — ein fast bankrottes Unternehmen, das er in kurzer Zeit wieder auf die Beine brachte, so daß er nach nur vier Jahren schon ein zweites, ähnliches Unternehmen hinzukaufen konnte.

Am Tag der Übernahme erklärte er, im Frack, mit steifem Kragen und schwarzer Ascot-Binde, seinen künftigen Mitarbeitern: »Gentlemen, es ist Ihnen wohl klar, daß sich hier etwas geändert hat. Bisher haben Sie sozusagen im Salon gelebt und täglich gebadet. In Zukunft, das bitte ich Sie festzuhalten, werden Sie sich in die Elendsviertel begeben müssen.« — Auch dieses zweite Unternehmen brachte er mit seinen besonderen Methoden in kurzer Zeit nach oben. Und er wurde dabei berühmt und reich. Aber er blieb unbestechlich. Und nie ließ er sein Ziel aus den Augen, sein Programm: »Allen Betrug und allen Schwindel zu bekämpfen, wo immer und wie immer sie sich zeigen, für Prinzipien und Ideen einzutreten, nicht aber für Vorurteile und einseitige Interessen.«

Einer seiner Konkurrenten haßte ihn so sehr, daß er eines Tages gegen ihn — auf seine jüdische Herkunft ansprechend — öffentlich eine Art Fluch ausbrachte: »Vielleicht wird Ihr Los jenen mythischen Unglücklichen gleichen . . ., wir meinen den wandernden Juden. In diesem Fall mag es der undurchschaubaren Vorsehung, die uns mit ihrer Gegenwart gestraft hat, gefallen, in Kürze ein ernstes, ein furchtbares Zeichen zu geben: Zieh ab, . . . zieh weiter!«

Vierzehn Tage danach konnte der Vierzigjährige

plötzlich nicht mehr lesen. Ein Arzt verordnete ihm sechs Wochen Ruhe in einem verdunkelten Raum. Es half nichts. In kurzer Zeit wurde er fast völlig blind. Aber er gab nicht auf, sondern hielt an seinem Programm fest. Informiert sein, besser und früher als andere, blieb für ihn nach wie vor das Entscheidende. Und er ließ sich Nachrichten und Tausende von Büchern vorlesen. Wo immer er sich aufhielt — er war ruhelos unterwegs, mietete palastartige Residenzen an der Riviera, in Wiesbaden und London, dann wieder in Amerika —, war er von sechs Sekretären umgeben, die ihm vorlasen, ihn unterrichteten, unterhielten und denen er diktierte. Und nach wie vor trieb er seine Mitarbeiter ständig an, kritisierte, zwang sie zu äußerster Genauigkeit beim Recherchieren, beim Enthüllen.

Er starb im Alter von 64 Jahren. Was blieb von ihm außer dem Bild eines Unglücklichen, Gehetzten, der viel Staub aufgewirbelt hat? fragte Robert Jungk und antwortete: »Die Forderung, daß das Öffentliche ... durchleuchtet und sichtbar gemacht werden muß, damit es eingesehen und kontrolliert werden kann, diese Forderung ist durch sein Wirken zur selbstverständlichen Voraussetzung jeder gerechten Gesellschaft geworden.« Und ihr gilt auch ein von ihm gestifteter und noch immer begehrter Preis.

Wer war's?

14. Künstlerin zwischen Kindern und Karriere

Sie war 13 Jahre alt, als sie von einem jungen Mann einen Brief erhielt, in dem es hieß: »Ich denke oft an Sie, nicht wie der Bruder an seine Schwester oder der Freund an die Freundin, sondern etwa wie ein Pilgrim an das ferne Altarbild; ich war während Ihrer Abwesenheit in Arabien, um alle Märchen zu erzählen, die Ihnen gefallen könnten — sechs neue Doppelgängergeschichten, 101 Charaden, acht spaßhafte Rätsel und dann die entsetzlich schönen Räubergeschichten und die vom weißen Geist — hu, wie's mich schüttelt! . . . Das Papier geht zu Ende. — Alles geht zu Ende, nur nicht die Freundschaft . . .«

Sie wurde auch im Tagebuch des Briefschreibers immer wieder erwähnt. Da hieß es etwa, sie sei »hübscher und größer« geworden, ein anderes Mal, sie sei »kindisch einfältig«, »war albern und ängstlich«. Einmal, nachdem sie von ihm nach einem Besuch bei Freunden nach Hause begleitet worden war, berichtete er seiner Mutter in einem Brief von ihr:

»Es macht Freude, wie sich ihre Herzens- und Geistesanlagen jetzt immer schneller, aber gleichsam Blatt für Blatt entwickeln. Als wir neulich . . . zusammen heimgingen, hörte ich, wie sie für sich sagte: ›O wie glücklich bin ich!, wie glücklich!‹ — Wer hört das nicht gern! — Auf demselben Weg stehen sehr unnützige Steine mitten im Fußsteg. Wie es nun trifft, daß ich oft im Gespräch mit andern mehr auf- als niedersehe, geht sie immer hinter mir und zupft bei jedem Stein leise am Rock, daß ich ja nicht falle . . .«

Sie lebte zu jener Zeit bei ihrem Vater, allein; die Mutter war früh gestorben. Dem Vater, der zugleich ihr Lehrer war, bedeutete sie alles; er betrachtete sie gleichsam als sein Werk, vor allem aber als sein Eigentum. Und als er sah, daß jener junge Mann sich in die Tochter verliebt hatte, ja, daß es eine leidenschaftliche Liebe geworden war und daß auch sie den Mann liebte und — inzwischen 17jährig — bereit war, ihn zu heiraten, da verbot er ihr mit aller Strenge, ihn noch einmal zu sehen und auf seine Briefe zu antworten.

Aber ihre Liebe zu dem Mann wurde durch dieses Verbot eher sicherer. Der Vater beschwor und warnte sie, daß sie, statt eine glänzende Karriere zu machen, ihr Leben »in Galoschen« verbringen werde, in ärmlichen Verhältnissen und womöglich mit einer Schar hungriger Kinder. Auch das schreckte sie nicht. Da ging der Vater vor Gericht und verklagte den jungen Mann: Er sei, behauptete er, ein Gewohnheitstrinker, er sei gar nicht in der Lage, eine Frau zu ernähren, er sei wahrscheinlich geistig nicht normal, denn eine Schwester von ihm sei in geistiger Umnachtung gestorben. Sie aber ließ sich nicht von ihrem Wort abbringen, das sie dem Mann längst gegeben hatte.

Sie blieb auch dann noch standhaft, als der Mann ihren Vater wegen Verleumdung und übler Nachrede verklagte und das Gericht ihm recht gab und den Vater zu zwölf Tagen Gefängnis verurteilte, während es dem jungen Mann und ihr die Ermächtigung zur Eheschließung erteilte. Unmittelbar danach heirateten sie, einen Tag vor ihrem 21. Geburtstag. In das Ehetagebuch, das sie von da an abwechselnd führten, schrieb er als erste Eintragung: »Ereignisse nur wenige, Glück die Fülle.«

Aber es gab in ihrer glücklichen Ehe von Anfang an auch Probleme. Eins bestand darin, daß sie nur wenig Geld hatten. Zwar verdienten beide, aber nicht regelmäßig. Und ihr war der Gedanke, daß er überhaupt um Geld arbeiten mußte, ohnehin schwer erträglich; sie fürchtete, die Haushaltssorgen könnten »alle Poesie aus seinem Leben vertreiben«.

Aus der finanziellen Misere erwuchs ein zweites Problem: Sie konnten sich zusammen nur ein Instrument leisten, aber sie hätten eigentlich jeder eins gebraucht, um vernünftig arbeiten zu können. Wenn er das Instrument benutzte, was meistens über viele Stunden des Tages der Fall war, mußte sie zurückstehen. Dadurch kam sie in Gefahr, Rückschritte zu machen. Doch wollte sie — völlig zu Recht — ihre Karriere fortsetzen, auch dann noch, als ein Kind kam, eine Tochter; sie ließ sich nicht abhalten, auf Tournee zu gehen.

Manchmal hatte er sie begleitet. Aber es störte ihn, daß sie berühmt und er selber noch ganz unbekannt war. Und so blieb er meistens daheim, auch wegen seiner eigenen Arbeit. Aber auch das gefiel ihm nicht. »Es war doch einer meiner dümmsten Streiche, Dich von mir gelassen zu haben. Ich fühle es immer mehr«, schrieb er ins Ehetagebuch. »Führe Dich Gott glücklich zu mir zurück. Einstweilen will ich unsere Kleine bewachen. Die Trennung hat mir unsere sonderbare schwierige Stellung wieder recht fühlbar gemacht. Soll ich denn mein Talent vernachlässigen, um Dir als Begleiter auf der Reise zu dienen? Und Du, sollst Du Dein Talent ungenützt lassen . . .? Ja, es ist durchaus nötig, daß wir Mittel finden, unsere beiden Talente nebeneinander zu nützen und zu bilden.«

Sie mußte erkennen, daß er im tiefsten Innern etwas anderes erträumte: Obgleich er ihr Talent, ihr großes Können, ihre Erfolge respektierte, hätte er sie am liebsten immer zu Hause gesehen, als Frau und Mutter. Und er meinte, Kinder seien ein Segen, und man könne gar nicht genug Kinder haben. Es wurden sechs. Sie empfand die Kinder oft als große Belastung, als Hindernis in ihrem Beruf. Er aber meinte von seiner Frau: »Sie kennt selbst ihren Hauptberuf als Mutter, daß ich glaube, sie ist glücklich in den Verhältnissen, wie sie sich nun einmal nicht ändern lassen.«

Als sie 37 Jahre alt war, starb er. Wenig später brachte sie ihr siebtes Kind zur Welt. Ihren Mann überlebte sie um vier Jahrzehnte.

Wer war's?

15. Um Gottes und
der armen Jugend willen

An die Schule erinnerte er sich mit Grausen, weil da
so viel geprügelt wurde. Er selber war an Prügel ge-
wöhnt, von zu Hause nämlich, wo sein zum Jäh-
zorn neigender Vater mit äußerster Strenge auf
Ordnung hielt; er wollte, daß der Sohn Jurist werden solle. Der Sohn hatte nach der Schulausbil-
dung und einem philosophischen Grundstudium
ein Jurastudium begonnen, es dann aber abgebro-
chen und etwas anderes studiert.

Nicht zuletzt weger seiner eigenen Erfahrungen auf
den von ihm besuchten Schulen, die er rückblik-
kend als »Teufelsschulen« bezeichnete, forderte er
— da war er vierzig Jahre alt und schon sehr bekannt — eine Neugestaltung des gesamten Schul-
und Universitätswesens. Statt mit Strenge, Zwang
und Unterdrückung sollte an den Schulen mit mehr
Liebe und Verständnis unterrichtet werden. Was
ihm am meisten Sorgen machte, war die Tatsache,
daß die Schulen immer schlechter wurden, weil niemand der Verantwortlichen sich genügend um sie
kümmerte und weil man für Schulen zu wenig Geld
bereitstellte.

Er wandte sich deswegen mit einem Aufsatz an die
Ratsherren aller Städte. »Die hohen Schulen werden schwach«, hieß es darin, »Klöster nehmen ab.«
Und er warnte: »Niemand, niemand glaubt, welch
ein schädliches, teuflisches Vornehmen das sei; es
geht doch so still daher, daß niemand merkt und

will den Schaden getan haben, ehe man raten, wehren und helfen kann. Man fürchtet sich vor Türken und Kriegen und Wassernot; denn da versteht man, was Schaden und Nutzen sei. Aber was hier der Teufel im Sinn hat, sieht niemand, fürchtet auch niemand; es geht still herein ...«

Statt weiter aufzurüsten und immer noch mehr Straßen zu bauen, solle man lieber den Schülern helfen, schrieb er den Regierenden in den Städten, ja, er beschwor sie: »Deswegen bitte ich euch, alle meine lieben Herren und Freunde, um Gottes willen und um der armen Jugend willen, wollt diese Sache nicht so gering achten, wie es viele tun, die nicht sehen, was der Weltfürst vorhat. Denn es ist eine ernst und große Sache, an der Christus und aller Welt viel liegt, daß wir dem jungen Volke helfen und raten. Und damit ist auch uns allen geholfen und geraten. Liebe Herren, muß man jährlich so viel aufwenden für Geschütze, Wege, Stege, Dämme und dergleichen unzählige Stücke mehr, damit die eigene Stadt zeitlich Friede und kein Ungemach habe. Warum sollte man nicht viel mehr oder wenigstens auch so viel aufwenden für die bedürftige Jugend, daß man einen geschickten Mann oder zweie hielte als Schulmeister?«

Wir könnten uns aber nicht allein auf die Stadtväter verlassen, vielmehr müsse jeder auch von sich aus helfen, daß bessere Schulen eingerichtet werden könnten: »Auch soll sich ein jeder Bürger selbst davon bewegen lassen: hat er bisher so viel Geld und Gut für Ablaß, Messen, Vigilien, Stiftungen, Testamente, Jahrtage, Bettelmönche, Bruderschaften,

62

Wallfahrten, und was des Geschwürms mehr ist, verlieren müssen und ist er nun hinfort — durch Gottes Gnaden — von solchem Rauben und Geben befreit, so sollte er — Gott zu Dank und Ehren — hinfort einen Teil davon für die Schulen geben, die armen Kinder aufzuziehen. Und das wäre sehr wohl angelegt ...«

Schulen seien unbedingt notwendig, schrieb er weiter, »denn die Eltern sind nicht in der Lage, ihre Kinder selbst zu unterrichten: Die größere Menge der Eltern ... weiß nicht, wie man Kinder erziehen und lehren soll. Denn sie haben selber nichts gelernt, außer den Bauch zu versorgen.«

Die Schulen, in denen vor allem auch Fremdsprachen gelehrt werden müßten, sollten jedoch anders sein als die bisherigen, auf denen nur geprügelt, aber nichts gelehrt wurde, und die er als »Teufelsschulen« bezeichnete: »Ja, was hat man gelernt in den hohen Schulen und Klöstern bisher, als nur Esel, Klötz und Blöcke zu werden? Zwanzig, vierzig Jahr hat einer gelernt und hat dennoch weder Lateinisch noch Deutsch gewußt. Ich schweige von dem schändlichen lästerlichen Leben, in welchem die edle Jugend so jämmerlich verdorben ist.«

Er postulierte, den Kindern in den Schulen mehr Freiheit zu lassen, mehr Raum, damit sie sich auch körperlich bewegen können: »Weil denn das junge Volk muß ausschlagen und springen oder je und je was zu schaffen haben, an dem es Lust hat, und ihm das auch nicht zu verwehren ist — warum sollte man denn nicht solche Schulen für es errichten und ihm solche Wissenschaft vorlegen ... Wenn ich

Kinder hätte ... sie müßten mir nicht allein die Sprachen und Historien hören, sondern auch singen und die musica mit der ganzen mathematica lernen ...«

Zum Schluß forderte er die Ratsherren noch auf, für die Jugend in den Städten Bibliotheken einzurichten, und sagte: »Wir sind leider lange genug in Finsternis verfault und verdorben.«

Wer war's?

16. In der Furcht, mit 72 Jahren
sterben zu müssen

Plötzlich — da war er zwar schon 71 Jahre alt, stand aber noch mitten in der Arbeit — fühlte er sich als »eine ganz gebrochene Kraft, zur Zeit kaum fähig, ein paar Briefzeilen zu schreiben«. Mit einemmal hatte er das Empfinden, seinen Lebenskreis und gewissermaßen auch sich selber reduzieren zu müssen. Seinen langjährigen Berliner Wohnsitz meinte er aufgeben zu müssen. Er sei entschlossen, schrieb er in einem Brief, sich mit seiner Frau »für den Rest unserer Tage« nach Schmiedeberg zurückzuziehen. Weil er kaum noch schreiben könne, würden seine Einnahmen »auf weniger als die Hälfte zusammenschrumpfen; damit in Schmiedeberg zu leben, wird gehen. In Berlin wäre es unmöglich.«

Er schrieb das aus Zillerthal-Erdmannsdorf in Schlesien, wohin er auf Anraten seines Arztes gereist war, um sich zu erholen. Aber sein Zustand hatte sich dort noch verschlechtert. Und als seine Tochter deswegen mit ihm zu einem Psychiater nach Breslau fuhr, diagnostizierte dieser eine »hochgradige Gehirnanämie«.

Die Familie war beunruhigt, und seine Frau schrieb in einem Brief an den Sohn: »Es ist nicht zu beschreiben, wie schwer es ist, mit dem armen Kranken zu leben, die Tage sowohl wie die Nächte. Wir erwarten den Arzt, der immer dringender von einer Nervenheilanstalt spricht. Papa, der erst damit ein-

verstanden war, zeigt jetzt ein rechtes Grauen ...
Diesen klaren, verständigen Mann so zu sehen, ist
herzzerreißend.«

Er ließ sich nicht in eine Nervenheilanstalt stecken,
sondern kehrte nach Berlin zurück, und sein Hausarzt behandelte ihn ohne Medikamente, eigentlich
nur mit gutem Zureden. Er erklärte dem Kranken,
der an quälender Schlaflosigkeit litt und sich auf
seine Arbeit nicht mehr konzentrieren konnte beziehungsweise sich auf sie zu sehr konzentrierte,
aber sich dabei verkrampfte und nicht weiterkam,
daß er in Wirklichkeit gar nicht krank sei. Er riet
ihm, seine Arbeit zu unterbrechen und etwas anderes zu beginnen, nicht irgend etwas, sondern er
solle, meinte der Arzt, seine Lebenserinnerungen
schreiben.

Er ging darauf ein. Er schrieb über seine Kinderjahre, und in der Erinnerung an die eigene Kindheit
überwand er seine Nervosität, seine Verkrampfung,
vor allem auch die Furcht, bald sterben zu müssen.
Er war nämlich überzeugt gewesen — und dies
hatte ihn so sehr beunruhigt —, im selben Alter wie
sein Vater zu sterben, mit 72 Jahren. Als die neue
Arbeit fast fertig vorlag und nur noch einmal durch-
gesehen werden sollte, war er 73 Jahre alt. Er hatte
das kritische Jahr und mit ihm die »Krankheit«
überwunden. Und er konnte nun auch die unter-
brochene Arbeit wieder aufnehmen und sie in Ruhe
zu Ende bringen. Er hat danach noch viele andere
Arbeiten begonnen und sie auch alle vollendet.
Als 77jähriger — 17 Jahre vor Ausbruch des Ersten
Weltkrieges — machte ihm das zunehmende Rüsten

Sorgen. Einem befreundeten englischen Arzt schrieb er: »Mit Schrecken sehe ich die ›englischen Rüstungen‹, und daß das so welt- und lebenskluge England schließlich auch in diesen modernen Unsinn verfällt. Die Kultur, die dadurch geschützt werden soll, geht darin unter. England, weil es reich ist, kann die Sache eine Weile aushalten, aber wir in Deutschland, die wir durchaus eine große Flotte haben wollen (oder sollen), um sie nach vier Wochen verbrannt zu sehen, wir könnten unser bißchen Geld besser anlegen . . .« Weiter meinte er, was überraschend klingt:

»Alle Staaten müssen erst wieder den Mut kriegen, vor dem Besiegtwerden nicht zu erschrecken. Es schadet einem Volke nicht, weder in seiner Ehre noch in seinem Glück, mal besiegt zu werden — oft trifft das Gegenteil zu. Das niedergeworfene Volk muß nur die Kraft haben, sich aus sich selbst wieder aufzurichten. Dann ist es hinterher glücklicher, reicher, mächtiger als je zuvor.«

Gut ein Jahr später berichtete er seiner Frau, die für ein paar Tage zu einer Freundin gereist war, über sein persönliches Befinden: »Wenn ich bei Thee sitze, geht es . . ., aber sowie ich aus der Ruhe heraus und in irgendwelche Aktion hinein soll, ist es mit der ganzen Herrlichkeit vorbei. Ich erschrecke vor allem, und selbst, wo sogenannte Vergnüglichkeiten in Sicht stehen, ist mein Trost: ›Um neun Uhr ist alles aus.‹ Nicht im Sinn einer Todessehnsucht, sondern nur in dem tiefen Verlangen nach Ruhe. Freilich spukt das andere darin vor, was auch wohl recht gut ist. Ein so glückliches und so bevorzugtes

Leben und doch: ›Was soll der Unsinn?‹ Dies kann man beinah wörtlich nehmen; in der Politik gewiß und in Religion und Moral ist alles Phrase. Früher statuierte ich Ausnahmen; jetzt kaum noch.«

Zwei Tage darauf schrieb er noch einmal an seine Frau. »Dies sind nun also die letzten Zeilen«, begann er, womit er meinte, daß er ihr vor ihrer Heimkehr nicht mehr schreiben werde. Es waren wirklich seine letzten Zeilen, für immer. Am Abend desselben Tages ist er gestorben oder eigentlich: hat er aufgehört zu leben, nicht ganz 79 Jahre alt. Seine Tochter fand ihn im Schlafzimmer übers Bett gelehnt, wohin er nach dem Abendessen wenige Minuten zuvor gegangen war, allem Anschein nach in bestem Wohlbefinden.

Wer war's?

17. »Ich zum Beispiel
bin jeden Abend betrunken . . .«

Von einer Reise nach Italien, die er zusammen mit
seinem Bruder begonnen hatte, schrieb er diesem
aus San Remo: »Seit dem Tage, wo Du abgereist
bist, habe ich jeden Abend mehrere Brandy zu mir
genommen, und auch im Laufe des Tages trinke ich
eine ganze Menge. Ich kann es nicht entbehren. Ich
fühle mich nicht ruhig, ehe ich nicht eine Kleinigkeit
zuviel getrunken habe . . .«
Und in seinem Tagebuch heißt es: »Ein von seinen
Nerven gequälter Mann kann einfach nicht ohne
Alkoholgifte leben . . . Ich zum Beispiel bin jeden
Abend betrunken und kann gar nicht anders leben . . .« — Da war er 37 Jahre alt.
Von seinen Nerven gequält fühlte er sich schon in
seiner Kindheit. Vor allem nach dem frühen Tod der
Mutter — da war er 14 Jahre alt — hatten Nervosität
und Reizbarkeit stark zugenommen. Genau 25
Jahre nach ihrem Tod schrieb er: »Es war der erste
große Kummer, den ich erlitt. Ihr Tod hatte den
größten Einfluß auf mein und der Meinigen Schicksal. Sie starb in der Blüte der Jahre, ganz plötzlich,
an der Cholera . . . Jede Minute jenes fürchterlichen
Tages ist mir so gegenwärtig, als wäre es gestern geschehen.«
Seine nervöse Reizbarkeit äußerte sich oft darin,
daß er sich einfach schlecht fühlte. »Bald habe ich
Armschmerzen, bald Fußschmerzen, beständigen
Husten.« — »In letzter Zeit schlafe ich sehr

schlecht«, schrieb der 25jährige und fügte hinzu: »Von gestern an habe ich mir vorgenommen, keinen Schnaps, keinen Wein und keinen starken Tee mehr zu trinken.«

Auffallend war sein gestörtes Verhältnis zu den Mitmenschen. Schon der Mittzwanziger gestand: »Ich hasse die ganze Menschheit im ganzen und mit Genuß und würde mich gern in eine spärlich besiedelte Wüste zurückziehen.« Und zwei Jahre später schrieb er einer seiner Schwestern, daß er bereits »sehr lebensmüde« sei.

Derartige Äußerungen machte er immer wieder, wobei er häufig zugleich über sehr schlechtes körperliches Befinden klagte. Der 29jährige — so sagte sein Bruder — verlor »seine Kräfte nach und nach bis zur völligen Erschöpfung«. Und er selber meinte: »Ich bin infolge ernsthafter nervöser Störungen ein unerträglicher Hypochonder geworden... Ich möchte fortgehen, irgendwohin, und mich verbergen an einem unerreichbaren, gottverlassenen Ort.« Und der Mittdreißiger: »Ich fühle mich einsam und verlassen, fürchte mich geradezu vor Menschen, bin traurig und denke dauernd an den Tod...«

Mehrmals begab er sich in ärztliche Behandlung. Man vermutete bei ihm ein nervöses Magenleiden, hielt ihn aber im übrigen organisch für gesund. Er aber war überzeugt: »Ich bin ein ganz kranker Mann.« Was er ganz und gar nicht ertragen konnte, war Lärm: »Ich vertrage nicht das geringste Geräusch; gestern in Florenz und heute in Rom versetzt mich ein jeder vorbeirollende Wagen in wahnsinnige Wut, jeder Laut, jedes Geschrei zerreißt mir die Nerven . . .«

Bei alledem arbeitete er, und zwar sehr präzise und erfolgreich. Allerdings brachte ihm die Arbeit nicht viel Geld ein. Dennoch konnte er gut leben, dank einer Verehrerin seiner Werke, die ihn 14 Jahre lang großzügig unterstützte. In dieser Zeit wechselten er und diese Frau mehr als tausend Briefe, aber obwohl sie in derselben Stadt lebten, haben sie sich nie getroffen, weil sie dies nicht wollte. Auch ihm kam es entgegen, daß die Freundschaft auf die briefliche Ebene beschränkt blieb. Denn er interessierte sich nicht für Frauen.

Dennoch hat er geheiratet. Seinem Bruder schrieb er: »Ich möchte durch eine Heirat . . . jenem niederträchtigen Gesindel den Mund stopfen, dessen Meinung mir gleichgültig ist, das aber mir nahestehenden Menschen Kummer bereiten kann . . .« Drei Tage nach der Hochzeit gestand er seinem Bruder: »Körperlich ist sie mir völlig widerlich geworden . . .« Und seiner Brieffreundin schrieb er: »Siebenunddreißig Jahre lang in angeborener Antipathie gegen das Eheleben verharren und dann plötzlich durch die Macht der Verhältnisse in den Bräutigamstand hineingezwängt zu werden ist schrecklich . . .« Und er trennte sich von seiner Frau.

Er alterte rasch. Kurz vor seinem fünfzigsten Geburtstag schrieb er: »Ich befinde mich in einem sehr rätselhaften Stadium auf dem Wege zum Grab. Es geht etwas Merkwürdiges, Unbegreifliches in mir vor. Etwas wie Lebensüberdruß hat mich ergriffen: zeitweise wahnsinniger Kummer, aber nicht jener

Kummer, in welchem ein neuer Aufschwung der Liebe zum Leben keimt, sondern etwas Hoffnungsloses, Finales und — wie immer in einem Finale — Banales . . . Vielleicht besteht meine ganze Krankheit in den 50 Jahren, die ich nach zwei Monaten überschreiten werde.«

Drei Jahre später, als in seiner Stadt eine Cholera-Epidemie herrschte, trank er ungekochtes Flußwasser. Wenige Tage später starb er — genau wie seine Mutter — an der Cholera. — Dazu meint der Schweizer Mediziner G. Böhme, der seine Krankengeschichte rekonstruiert hat: »Vom Standpunkt des Klinikers kann auf Grund der jahrzehntelangen Neurose eine depressive Phase mit Neigung zu Selbstmord nicht ausgeschlossen werden.«

Wer war's?

18. »Man war im günstigsten Fall ein Chargenspieler . . .«

Als junger Arzt hatte er an der Hinrichtung einer wegen Spionage zum Tode verurteilten englischen Krankenschwester teilgenommen. Sie wurde zusammen mit einem Belgier erschossen. Darüber hat er 13 Jahre später in einer Zeitung eine genaue Beschreibung gegeben, in der es heißt:
»Letzter Akt. Er dauert kaum eine Minute. Die Kompanie präsentiert, der Kriegsgerichtsrat liest das Todesurteil vor. Der Belgier und die Engländerin bekommen eine weiße Binde über die Augen und die Hände an ihren Pfahl gebunden. Ein Kommando für beide: Feuer, aus wenigen Metern Abstand, und zwölf Kugeln, die treffen. Beide sind tot. Der Belgier ist umgesunken. Miß Cavell steht aufrecht am Pfahl. Ihre Verletzungen betreffen hauptsächlich den Brustkorb, Herz und Lunge; sie ist vollkommen und absolut momentan tot; ganz verkehrt zu sagen, daß sie angeschossen sich gequält habe und durch einen Fangschuß am Boden getötet worden sei. Sie war vielmehr noch während des Rufes Feuer unzweifelbar tot. Nun schreite ich an den Pfahl, wir nehmen sie ab, ich fasse ihren Puls und drücke ihr die Augen zu. Dann legen wir sie in einen kleinen gelben Sarg . . .«
Als 42jähriger stand er wieder vor der Leiche einer Frau. Diesmal nicht beruflich. Diese Frau hatte sich seinetwegen das Leben genommen. In einem Brief berichtete er darüber:

»Meine Freundin, von der ich Ihnen so oft erzählte und die ich ja im Grunde unverändert liebte, tief liebte, wie in den Jahren des Altwerdens und der schwindenden Gefühlsfähigkeit der Mann liebt, ist am 1. 2. freiwillig aus dem Leben geschieden. Auf grauenvolle Art. Sie stürzte sich hier von ihrer Wohnung im 5. Stock auf die Straße und kam tot dort an. Sie rief mich an, daß sie es tun würde. Ich jagte im Auto hin, aber sie lag schon zerschmettert unten, und die Feuerwehr hob den gebrochenen Körper auf.«

Zu jener Zeit lebte er seit sieben Jahren als Witwer. Seine erste Frau war mit 44 gestorben. Die Ehe mit der acht Jahre Älteren war nicht glücklich gewesen. Seine Frau war einen ganz anderen Lebensstil gewohnt als er, sie war von sehr geselliger Natur, lebte ständig mit einem großen Bekanntenkreis, in einer Gesellschaft, die ihm nicht nur nichts sagte, sondern ihn wohl auch ein wenig unsicher machte. Auf größeren Gesellschaften hat er sich nie wohl gefühlt, auch später nicht, als er berühmt war. Nur ungern nahm er Einladungen an. Und das auch nur, wenn er wußte, wer außer ihm geladen war, und er also sicher sein konnte, nicht mit Fremden konfrontiert zu werden. Meistens sagte er ab, wie zum Beispiel in diesem Brief:

»Sehr verehrte gnädige Frau, abgeneigter denn je, mich zu irgendeiner menschlichen Gesellschaft zu bekennen, beginne ich den Winter. Dank für Ihre Invitationen, aber unmöglich. Gesellige Veranstaltungen, gemeinsamer Meinungsaustausch, Geben und Nehmen sind mir fremd. Es zittert immer noch in mir nach, daß Sie neulich, ohne es zu sagen, fremde Leute zu Abend einladen wollten, welche Gewalttat von Ihnen . . .«

Daß ihm besonders jene Salongesellschaft nicht gefiel, in der seine erste Frau sich von Jugend an so sicher bewegte, lag auch an seiner einfachen Herkunft. Sein Vater war Landpfarrer; das geringe Einkommen hatte für sechs, eine Zeitlang sogar für sieben Kinder reichen müssen; für Theater, Konzerte, Bücher war nichts übrig. Es war ein unmusisches Haus, in dem er aufgewachsen war. Das mußte ihn tief berührt haben; noch in einem seiner letzten Gedichte ging er darauf ein: »In meinem Elternhaus hingen keine Gainsboroughs/wurde auch kein Chopin gespielt/ganz amusisches Gedankenleben/ mein Vater war einmal im Theater gewesen/Anfang des Jahrhunderts/Wildenbruchs ›Haubenlerche‹/ davon zehrten wir/das war alles.«

Nun darf man diesen schnoddrig-melancholischen Rückblick des Endsechzigers nicht etwa so verstehen, als ob die amusische Herkunft ein ganzes Leben lang betrauert worden sei. Vielmehr zeigten sich gerade bei ihm schon früh kulturpessimistische Züge, ja, zeitweise hatte er die gesamte abendländische Existenz mit ihrem Primat des Geistes, der Ratio, des Intellekts als Irrtum verstanden. Eben an ihrem Geist, an ihrer Verhirnung, meinte er, werde die Menschheit zugrunde gehen. Die Verhirnung führe zu Realitätszerfall, mache die Menschen zu Puppen, die schließlich nur noch von Begriffsphantomen dirigiert werden.

Als Sechzigjähriger blickte er voller Resignation zurück: ». . . die vier Jahrzehnte, in denen ich geistig tätig sein konnte, sind dahin. Und wenn man das Ganze überdenkt, überblickt, kommen Stunden, wo man müde wird, stumpf, von Apathie bedrängt. Man war im günstigsten Fall ein Chargenspieler, ein Sonderfall, ein Spezialist — große Rollen, abendfüllende Figuren fielen einem nicht zu. Sechzig Jahre — und des Lebens Verfall und Verwahrlosung in einige Prosasätze bündeln oder in ein paar Verse balancieren — wenn das alles ist, gibt es offenbar nur eins: nicht alt werden, nicht so alt, daß man seine eigene Leiche liegen sieht und über sie lacht . . .«

Da hatte er noch ein ganzes Jahrzehnt vor sich. Erst da wurde er wirklich berühmt, mit dem, was er früher geschrieben hatte, und mit dem, was neu hinzukam.

Wer war's?

19. War seine Frau eine Giftmischerin?

Er habe nur zwei Schwächen gehabt, schrieb später sein Urenkel: »den Wein und seine Gemahlin«. Durch ersteren hatte er früh mit der Gicht zu tun, letztere brachte ihm auf andere Weise Ärger. Gemeint war seine zweite Frau, die er geheiratet hatte, nachdem die erste nach 21jähriger Ehe gestorben war. Sie war als geizig verschrien, und es hieß, sie habe einen neuen Stadtteil auf ihr gehörendem Grund und Boden nur deswegen angelegt, um den Häuserzins beziehen zu können.

Viel schlimmer jedoch war, daß Gerüchte aufkamen, sie habe seine Kinder aus erster Ehe vergiftet beziehungsweise versucht, sie zu vergiften, um ihre eigenen Kinder, die Kinder aus der Ehe mit ihm, besserzustellen. Zuerst starb sein ältester Sohn und designierter Nachfolger im Alter von 19 Jahren überraschend »an einem hitzigen Fieber«. Da sein zweiter Sohn, zu der Zeit 17 Jahre alt, körperlich schwächlich war, oft kränkelte und einen Buckel hatte, ließ er sich von seiner Frau dahingehend beeinflussen, den Hauptteil seines Erbes testamentarisch den Söhnen aus der zweiten Ehe zuzusprechen. (Doch ist dieses Testament später für ungültig erklärt worden.)

Als dieser zweite Sohn (aus der ersten Ehe), inzwischen sechs Jahre älter und jung verheiratet, eines Tages auf einem Gastmahl bei seiner Stiefmutter unmittelbar nach dem Genuß einer Tasse Kaffee von einer heftigen Kolik befallen wurde und (angeblich) nur durch sofortige Anwendung eines Brechmittels gerettet wurde, verließ er umgehend die väterliche Residenz, weil er sich dort nicht mehr sicher fühlte. Drei Jahre später starb seine Frau im Wochenbett. Er heiratete ein zweites Mal. Der erste Sohn aus dieser Ehe starb im Alter von nur fünf Monaten. Ein Jahr später brachte seine Frau einen zweiten Sohn tot zur Welt. Wieder kam die Stiefmutter in Verdacht, dabei ihre Hand im Spiel gehabt zu haben.

In aller Öffentlichkeit aber wurde sie als Giftmischerin und »brandenburgische Agrippina« beschimpft, nachdem ihr dritter Stiefsohn völlig überraschend starb, im Alter von 21 Jahren, einen Tag nachdem er auf einem von seiner Stiefmutter veranstalteten Ball gewesen war, wo ihm eine (angeblich) »vergiftete Orange von ganz besonderer Größe präsentiert« worden war.

Jetzt ließ ihr Mann eine Untersuchungskommission zusammenstellen. Aber es kam nichts dabei heraus. Er selbst hat es wohl auch kaum für möglich gehalten, daß seine Frau eine Giftmischerin gewesen sein könnte. Er mochte sie gern und war ihr dankbar dafür, daß sie ihn, der immer häufiger unter großen Schmerzen litt, umsorgte und pflegte. Gerade jetzt, da er die Untersuchungskommission einsetzte, litt er besonders schwer an Podagra. Und wenig später starb er, im Alter von 68 Jahren, an Wassersucht. Fast ein halbes Jahrhundert lang hatte er regiert, übrigens höchst erfolgreich.

Wer war's?

20. »...daß mir auf Erden nicht zu helfen war.«

Er fuhr mit ihr in ein Gasthaus, das an einem See lag, nicht weit von der Stadt, in der sie lebten. Dort aßen sie — wie später ausgesagt wurde — »sehr vergnügt«, tranken Kaffee, zogen sich dann auf ihre Zimmer zurück, um Briefe zu schreiben. Am nächsten Morgen gaben sie die Briefe einem Boten, der sie in die Stadt bringen sollte, dann aßen sie etwas und bezahlten dem Wirt ihre Rechnungen. Danach — inzwischen war früher Nachmittag — gingen sie vor dem Gasthaus auf und ab und sprachen auch mit dem Wirt, was dieser später so schilderte: »Beide ließen hierbei nicht die geringste Unruhe, Furcht oder Betrübnis blicken, sondern erkundigten sich..., ob man nach der zunächst gelegenen Insel gelangen könnte, ob da Leute wohnten, und dergleichen.« Als der Wirt ihnen vorschlug, dorthin zu spazieren, erklärten sie, »diesen Spaziergang nicht machen zu wollen, verlangten vielmehr Kaffee und erkundigten sich wiederholentlich, und dem Anschein nach sehr angelegentlich, ob der Bote« mit den Briefen wohl schon in der Stadt sein könnte. »Es war 3 Uhr, und ich erwiderte, daß der Bote zwischen 3 und 4 Uhr gewiß... eintreffen könnte.«
Kurz darauf gingen sie in die Küche, und — so wieder der Wirt— »die Dame fragte meine Frau, ob sie wohl den Kaffee jenseits des Sees auf den schönen grünen Platz wolle hinbringen lassen, es sei sehr

schöne Aussicht da. Meine Frau äußerte ihre Verwunderung darüber, da es doch so weit sei; der Herr sagte aber sehr zuvorkommend: er wolle den Leuten ihre Mühe gern bezahlen, und erbat sich noch für acht Groschen Rum. Hierauf gingen beide nach dem bestimmten Platz ... Meine Ehefrau wunderte sich zwar, daß die Herrschaften an einem kalten Wintertage den Kaffee im Freien verzehren wollten, wir hatten indes nichts Arges und schickten die Ehefrau des Tagelöhners Riebisch hinter ihnen her, indem wir sie noch vom Hause aus am See sehen konnten, wo beide umhersprangen und Steine in das Wasser warfen ...«

In der protokollierten Aussage des Tagelöhners Riebisch heißt es: »Kurze Zeit darauf rief mich meine Frau und forderte mich auf, ihr Tisch und Stühle nach dem See tragen zu helfen, welche die beiden Fremden verlangt hätten. Ich nahm den Tisch, sowie meine Frau die beiden Stühle, und trug solche auf den ... Hügel, wo wir beide Fremde stehend fanden. Sie hatten den Kaffee schon bis auf eine Tasse ausgetrunken, welche die Mannsperson sich soeben in meiner Gegenwart einschenkte, und einen in der Flasche befindlichen Rest Rum hinzugoß. Diese genoß er in meiner Gegenwart und sagte zu mir: ›Alter Vater, sage Er doch dem Herrn, daß er mir diesen Buddel (es war eine halbe Quart-Flasche) noch halb voll Rum herschicke!‹ Die Dame bemerkte dagegen: ›Liebes Kind, willst Du heute noch mehr Rum trinken, Du hast ja schon genug getrunken‹ und der Herr erwiderte: ›Nun, liebes Kind, wenn Du nicht willst, will ich auch nicht, dann lasse es nur sein, alter Vater, und bringe Er nichts mehr.‹ ... Hiernächst verlangten beide, daß meine Ehefrau einen Bleistift heraufbringen sollte, und indem wir uns entfernten, und nach Hause gingen, sahen wir beide Fremde Hand in Hand den Berg hinunter nach dem See zu springen, schäkernd, und sich jagend, als ob sie Zeck spielten. Überhaupt habe ich selten zwei Leute gesehen, die so freundlich zusammen gewesen wären, wie diese auf dem Berge. Sie nannten sich beständig Kindchen, liebes Kind, und waren außerordentlich vergnügt.«

Die Frau des Tagelöhners sagte aus: »Als ich mit dem verlangten Bleistift zurückkam, kamen mir beide Personen unten am Hügel schon entgegen, sie reichte mir den Tassenkopf, worin Geld befindlich war, und sagte: ›Mutterchen, da ist der Tassenkopf, den nehme Sie mit, und wasche Sie ihn aus, und bringe ihn wiederum.‹ Das Geld sollte ich an die Herrschaft abgeben.

Ich ging nun zurück, und hatte eben wieder die Chaussee betreten, als ich einen Schuß fallen hörte. Ich glaubte, daß die Fremden vielleicht mit Schießgewehr, so ich indes vorher gar nicht bemerkt, Scherz treiben, und ging daher, ohne mich umzusehen, meines Weges. Nachdem ich etwa 50 Schritte gegangen war, hörte ich einen zweiten Schuß, wobei ich mir jedoch ebensowenig etwas Böses dachte. — Als ich die Tasse hier im Gasthof gereinigt hatte, ging ich zurück, und wollte eben den kleinen Hügel hinaufgehen, als ich die Dame auf demselben leichenblaß auf dem Rücken liegend erblickte ...«

Voller Entsetzen rannte sie zurück und holte ihren

Mann, der dann auch ihn dort fand; beide in einer kleinen Grube, beide tot. »Seine Hände lagen auf den Knien«, sagte der Tagelöhner später aus, »und ein kleines Pistol zu seinen Füßen, in der Grube. Ein großes Pistol lag auf dem Rand der Grube, zu seiner linken Hand, und ein drittes kleines Pistol auf dem Tisch ungefähr 8 Schritt von den Leichnamen . . .«

In einem letzten Brief an seine Schwester, geschrieben am Morgen jenes Tages, heißt es: »Die Wahrheit ist, daß mir auf Erden nicht zu helfen war.«

Wer war's?

21. Seine Lebenserinnerungen
stecken voller Lügen

In seinen Lebenserinnerungen ist eine Abbildung
von ihm, ein Stich, der ihn in seinem Gefängnis
zeigt: an die Wand gekettet mit 68 Pfund schweren
Eisenfesseln. In einer Unterschrift zu der Abbildung gab er detaillierte Angaben zu der Art der
Fesselung: »Das handbreite Eisen um den Hals,
worin die ganze Kettenlast hing und die ich Tag und
Nacht mit einer Hand in die Höhe halten mußte,
weil die Last die Nerven am Hals klemmte; eiserner
breiter Ring um den Leib, wo eine Kette befestigt
war, die auf einer Handstange auf- und ablief; zwei
Handschellen, welche an einer zwei Schuh langen,
einen Zoll dicken eisernen Stange angeschmiedet
waren, so daß ich nur die Spitzen der Finger zu-
sammenbringen konnte,...« Und auch an den
Füßen und Oberarmen, so zeigt das Bild, hatte er
Schellen, die — wie auch die Halsschelle — durch
Ketten mit einer Hauptkette verbunden waren. Und
mit dieser Hauptkette war er an einen eisernen
Ring in der Mauer verkettet.
Daß man ihn so — oder vielleicht auch nicht ganz
so grausam — angekettet hatte, war die Folge meh-
rerer Fluchtversuche, die er unternommen hatte,
um aus der Festung zu entkommen. Einmal war
ihm die Flucht gelungen, aus einer anderen Festung, auf die er im Alter von 19 Jahren gekommen
war, weil man ihn verräterischer Verbindungen
zum Feind verdächtigt hatte. Nach etwa andert-

halbjähriger Haft gelang ihm der Ausbruch, am —
so erzählte er später — hellen Tage, indem er einen
hohen Wall hinabsprang, zusammen mit einem Ge-
fährten, der sich jedoch beim Sprung einen Knöchel
verletzte; er nahm den Verletzten auf den Rücken
und trug ihn — es war Ende November — durch tiefen Schnee 150 Meilen weit über die Grenze, bis sie
endlich ein Asyl fanden.

Nach ein paar Jahren in der Freiheit beging er die
Unvorsichtigkeit, dem Lande jenes Herrschers, der
ihn unter dem Verdacht der Spionage hatte festnehmen und ihn nach seiner Flucht zum Deserteur erklären lassen, gefährlich nahe zu kommen. Zwar
war es neutrales Gebiet, wo er sich aufhielt, er
wurde aber trotzdem gefangengenommen und
dann, wie schon gesagt, in Ketten gelegt. Er gab
selbst da den Gedanken an Flucht nicht auf. Und es
gelang ihm, sich seine Ketten so zurechtzufeilen,
daß er sich von ihnen befreien konnte. Als er dann
bei einem Fluchtversuch überrascht wurde, verurteilte ein Kriegsgericht den inzwischen Dreißigjäh-
rigen zu lebenslangem Kerker.

Sieben Jahre später kam er jedoch auf Grund einer
Fürsprache von sehr hoher Seite frei. Er mußte ins
Ausland gehen und versprechen, nichts Nachteili-
ges über den regierenden Herrscher seines Landes
zu sagen. Er zog sich zunächst nach Wien zurück,
übersiedelte dann aber in eine deutsche Stadt, wo
er die Tochter des Bürgermeisters heiratete, einen
Weinhandel eröffnete und eine Zeitung redigierte.
Aber seine Geschäfte ließen sich nicht gut an, weswegen er nach Ungarn ging, wo er sich und seine

84

Familie als Landwirt und Schriftsteller durchzubringen versuchte.

Als er seine Erinnerungen fertig hatte und sie in mehreren Bänden veröffentlichen konnte, war er schon über sechzig. Sie wurden ein großer Erfolg und fanden weite Verbreitung. Später fand man heraus, daß vieles erlogen war. So vor allem die Behauptung, er sei eigentlich nur deswegen eingesperrt worden, weil er mit der Schwester seines Landesherrn eine Liebesaffäre gehabt habe. Doch ändert dies nichts an der Tatsache, daß er länger als zehn Jahre im Kerker gesessen hat, ohne daß man ihm, dem Sohn eines Generals, einen ordentlichen Prozeß gemacht hätte.

Als 68jähriger kam er noch einmal in den Verdacht, ein Spion zu sein. Diesmal wurde er vor ein Tribunal gestellt, für schuldig befunden und auf die Guillotine geschickt.

Wer war's?

22. Dreizehn Kinder und ein tyrannischer Ehemann

Sie war 18, als sie einen 16 Jahre älteren Schriftsteller heiratete. Aus der Hauptstadt des Landes, in der sie bei ihren Eltern gelebt hatte, die zur ersten Gesellschaft zählten, kam sie in ländliche Einsamkeit, auf ein Gut, wo nur eine alte Tante und »einige merkwürdige Wesen, von denen eines nicht ganz bei Verstand war«, lebten. So beschrieb es später ihre älteste Tochter. Freilich war dort auch ihr Mann, der indessen die Tage an seinem Schreibtisch verbrachte, wobei er jedoch auf ihre Gesellschaft nicht verzichten wollte. Deswegen saß sie den ganzen Tag in seinem Arbeitszimmer, mit einer Handarbeit auf dem Diwan und bewahrte Stillschweigen, solange er schrieb.

Da sie so erzogen worden war, daß sie in der Ehe etwas Heiliges sah, fügte sie sich in ihr neues Leben. Und sie nahm es auch hin, daß er sie wegen ihrer deutlichen Handschrift alles, was er am Tage geschrieben hatte, abends in Reinschrift übertragen ließ. Da er jedoch auch in den Reinschriften noch häufig änderte, hat sie viele seiner Werke mehrmals abgeschrieben.

Sie hat sich über diese Arbeit nie beklagt, auch später nicht, als sie zwar nicht mehr den ganzen Tag bei ihm sitzen mußte, dafür aber noch mehr Arbeit hatte, vor allem durch die Erziehung ihrer Kinder. 13 Kinder brachte sie zur Welt, von denen sie — weil ihr Mann darauf bestand — elf selbst stillte.

Was sie schon bald beklagte, war ihre Furcht, durch den Mann die eigene Identität zu verlieren. In ihrem Tagebuch heißt es: »Ich denke, aber meine Gedanken sind die seinen, ich sehe die Dinge, aber aus seinem Blickwinkel. Das ist schlimm . . . Ich werde nicht er werden, und meine Persönlichkeit werde ich verlieren.«

Er bemerkte ihren inneren Widerstand und notierte seinerseits: »Sie ist jung, es gibt vieles, das sie an mir nicht versteht, und vieles, das sie meinetwegen unterdrückt. Und die Opfer, die sie bringt, wird sie mir eines Tages zuschreiben.« Wirklich hatte sie ihm eines Tages diesen Schuldschein ausgestellt, schrieb die Tochter, aber erst sehr viel später. Ihre Bereitschaft, ihm immer noch neue Opfer zu bringen, hörte auf, als er von ihr und der ganzen Familie verlangte, ein Leben in größter Einfachheit, ja in Armut zu führen. Gerade als er berühmt geworden war und der Erfolg seiner Arbeit sich endlich finanziell auszahlte, da kam er plötzlich zu der Überzeugung, daß Reichtum und Wohlstand Unrecht seien. Dies war keine vorübergehende Marotte, sondern eine geradezu religiöse Erleuchtung, die ihn existentiell traf.

Er liebte seine Frau, er liebte seine Kinder, aber er haßte seinen Wohlstand und ihren Lebensstil so sehr, daß er zeitweise fürchtete, sich deswegen das Leben zu nehmen. »Während solcher Perioden verstanden wir ihn nicht«, schrieb die Tochter, »seine Ideen schreckten uns, ohne uns zu überzeugen.« Er hingegen, inzwischen fast achtzig Jahre alt, notierte: »Eines wird immer quälender für mich: die

Verlogenheit eines wahnwitzigen Luxus neben dem unverdienten Elend und Notstand ringsum. Alles wird immer noch schlimmer, alles wird immer unerträglicher. Ich kann doch nicht einfach nicht daran denken, ich kann doch nicht die Augen verschließen . . .«

Was ihn besonders quälte, waren die Briefe vieler seiner Besucher und Leser, die es störte, daß bei ihm Dienstboten den Tisch mit Silber deckten und die Mahlzeiten in weißen Handschuhen servierten, während er in seinem Werk gegen den Reichtum schrieb.

Während er in zunehmendem Maße darunter litt, daß er nicht die Kraft aufbrachte, die Familie zu verlassen, aber doch damit begann, sein Geld freigebig zu verteilen, hoffte sie, es würde bei ihm vorübergehen wie eine Krankheit. Sie täuschte sich. Auch eine vorübergehende Trennung änderte nichts. Danach lastete auf ihr noch mehr Arbeit als zuvor. Aber sie hielt durch. Doch widersetzte sie sich ihm im Namen der Kinder, als er alle Rechte an seinen Werken verschenken wollte.

Er hat sie und die Familie wenige Tage vor seinem Tod doch noch verlassen. Unterwegs starb er. Sie überlebte ihn um neun Jahre. Kurz vor ihrem Tode sagte sie zu ihrer Ältesten: »Ich habe schlecht gelebt mit ihm, das ist mir eine Qual . . .«

Wer war's?

23. Von Universitätslehrern hielt er ziemlich wenig

»Ich bin gesund, und mein Äußeres hat, ohne mir zu schmeicheln, nichts Abstoßendes«, schrieb der 33jährige in einem Bewerbungsschreiben; er habe sich »mit allen Zweigen der Naturgeschichte, einschließlich Physik und Chemie, ... beschäfigt«, habe auch »einige Kenntnis in der Philosophie, den Schönen Wissenschaften und Künsten«, alle seine Mußestunden aber habe er der Geographie, der Geschichte, der Politik und den öffentlichen Angelegenheiten gewidmet.

»Ich schreibe Latein und verstehe auch ein wenig das Griechische. Ich spreche und schreibe mit Leichtigkeit Französisch, Englisch und Deutsch; ich lese ohne Schwierigkeiten das Holländische und Italienische, und mit ein wenig Übung könnte ich mich in der Kenntnis des Spanischen, Portugiesischen und Schwedischen vervollkommnen, da die Anfangsgründe dieser Sprachen mir bekannt sind. Ich verstehe auch ein wenig Polnisch und Russisch ...«

Was er nicht ausdrücklich schrieb, war, daß er, der schon an Universitäten gelehrt hatte, nur etwa sieben Monate lang in eine Schule gegangen war und nie eine Universität besucht hatte. Er war auch nicht etwa von Hauslehrern, sondern nur von seinem Vater, einem ehemaligen Dorfpfarrer, erzogen worden, und im übrigen hatte er sich selbst gebildet. Von den meisten Universitätslehrern hielt er nicht viel, was er in seinem Schreiben auch ziemlich deutlich machte: »Ich bin frei von den gewöhnlichen Vorurteilen der Gelehrten, die nichts sind als ziemlich schlechte Politiker, da die Theorien und Hypothesen sich selten mit dem Gang der wirklichen Verhältnisse in der Welt vereinigen.«

Er schloß das Schreiben so: »Ich füge noch hinzu, daß ich von Natur nüchtern bin, daß ich nicht spiele und daß ich in meiner Häuslichkeit zu glücklich bin, um unerlaubte Verbindungen zu suchen. Ich verlange nicht Reichtümer aufzuhäufen, aber ich wünsche zur Ehre und zur Würde meines Herrn anständig gestellt zu sein. Dies ist alles, ... was ich zu meinen Gunsten sagen kann. Meine Talente sind beschränkt, mein Esprit ist nicht glänzend und erhaben; ich habe Fehler und Unvollkommenheiten, wie jedermann sie hat, aber ich habe keine Laster.«

Als er dies schrieb, war er schon sehr berühmt. Auch anerkannt. Und sein Urteil über die Masse der Universitätslehrer beruhte nicht auf Überheblichkeit. Was ihn über die meisten hinaushob, war seine große Welterfahrung. Im Unterschied zu anderen hatte er einen großen Teil der Welt bereist. Und auf seinen Reisen hatte er mehr gelernt als andere aus Büchern.

Die erste große Reise hatte er als Zehnjähriger gemacht, zusammen mit seinem Vater, weit hinein nach Rußland. Die zweite große Reise, ebenfalls mit dem Vater — inzwischen war er 17 Jahre alt —, führte ihn sehr viel weiter. Über sie hat er einen zweibändigen Bericht geschrieben, zusammen mit

90

dem Vater, der selber darüber nicht schreiben durfte. Dieses Werk, zunächst in Englisch geschrieben, dann sogleich von ihm ins Deutsche übersetzt, begründete seinen Ruhm. Reichtümer brachte es ihm nicht (ebensowenig dem Vater). Die ganze Familie lebte ständig in großen finanziellen Schwierigkeiten. Aber als er nach Deutschland kam, brachten deutsche Freimaurer so viel Geld auf, daß die Familie wenigstens alle Schulden bezahlen konnte. Und Vater und Sohn erhielten Lehrstühle an Universitäten.

Er hat seine Stellung oft gewechselt, weil er jeweils nach kurzer Zeit zu immer demselben Eindruck kam: »Alles ist hier leer und flach . . .« Vor allem trieb es ihn immer wieder in andere Länder, um zu sehen, wie die Menschen dort lebten. Doch hat er sich nicht darauf beschränkt, dies dann zu beschreiben, vielmehr kam er zu der Überzeugung, daß überall in der Welt die Lebensverhältnisse wesentlich verbessert werden müßten und könnten. So wurde er schließlich zum Revolutionär, der helfen wollte, die »Ansprüche auf ein frohes Dasein« für alle Menschen durchzusetzen. — Er starb im vierzigsten Lebensjahr.

Wer war's?

24. Lob und Anerkennung
kamen ihm zu spät

Wenn wir heute sein Werk oder auch nur Teile davon sehen, dann ist es leicht, ihn, der es geschaffen hat, als den »Vater« von diesem und jenem zu bezeichnen, so wie es in den vielen Büchern über ihn und sein Werk und in den einschlägigen Lexika gang und gäbe ist. Seine Zeitgenossen sahen das anders.

»Was soll dieses wer weiß wo aufgelesene Modell?« fragte ein Kritiker in einer höchstangesehenen Zeitschrift. Und ein anderer meinte: »Werdende Mütter und junge Mädchen täten gut daran, diesen Anblick zu meiden.« Manche seiner Werke wurden »ekelerregend« genannt oder mit Ausdrücken wie »Geschmiere«, »Exkremente«, »sträflicher Skandal«, »vulgäre Gewagtheit« abqualifiziert.

Als das geschah, war er keineswegs mehr ganz jung und auf seinem Gebiet beileibe kein Anfänger mehr. Diese schroffe Zurückweisung zog sich über Jahrzehnte hin. Ihn traf der Mangel an offizieller Anerkennung um so mehr, als gerade er, Sohn aus gutbürgerlichem Haus und eigentlich ein Revolutionär wider Willen, sich nach nichts so sehr sehnte wie gerade danach, öffentlich und offiziell geehrt und ausgezeichnet zu werden. Dem ihm befreundeten Dichter Charles Baudelaire, der die bürgerliche Welt einige Jahre zuvor mit seinem Gedichtband »Les fleurs du mal« (Die Blumen des Bösen) schockiert hatte, klagte der Dreiunddreißigjährige:

»Ich hätte Sie gern bei mir. Die Beschimpfungen hageln auf mich nieder . . . All dies Geschrei bringt mich auf, und es ist offensichtlich, daß hier irgend jemand im Irrtum ist.«

Baudelaire schrieb zurück: »Glauben Sie denn, der erste Mensch zu sein, der sich in solcher Lage befindet? Denken Sie an Chateaubriand oder Wagner. Über sie hat man doch genug Spott geschüttet. Sie sind nicht daran gestorben . . . Ich hoffe, daß Sie mir nicht böse sind, daß ich Sie so geradeheraus behandle. Sie kennen meine freundschaftlichen Gefühle für Sie . . .«

Baudelaire, der zwar öffentlich erklärt hatte, »akademische Preise, Tugendpreise, Ordensverleihungen« solle man ablehnen, weil sie unfrei machten, der aber insgeheim auch von Ehren und Auszeichnungen träumte und sich in den letzten Jahren seines Lebens sogar recht angelegentlich darum bemühte, ahnte, wie sehr sein Freund litt. Deswegen bat er eine gemeinsame Freundin, sich um ihn zu kümmern, und fügte hinzu: »Er hat wirklich so glänzende Fähigkeiten, daß er sich unglücklich machen würde, wenn er sich entmutigen ließe . . .«

Er aber meinte damals, nicht mehr arbeiten zu können, ja sein Land verlassen zu müssen; so sehr hatte ihn die Kritik getroffen. Für eine kurze Zeit ging er nach Spanien, wo er indessen neue Anregungen fand und die Lust, wieder heimzukehren und weiterzuarbeiten.

Für seinen Beruf hatte er sich schon früh entschlossen. Eigentlich sollte er — wie sein Vater — Richter werden. Doch war er kein guter Schüler. Er war, sagten die Lehrer, ewig zerstreut. Deswegen gab der Vater ihn in ein Internat, doch wurde er da in seinen Leistungen noch schlechter, nicht nur in Latein, wo er unter 62 Schülern an 57. Stelle stand. Die Lehrer ließen ihn die Quinta wiederholen. Begabt war er allein im Zeichnen. Noch als Schüler meinte er eines Tages, sein Glück bei der Marine zu finden, und er überredete seinen Vater, ihn zusammen mit anderen Schülern auf einem Segelschiff eine Fahrt nach Südamerika machen zu lassen. Als er, inzwischen 17 Jahre alt, wieder nach Hause kam, mit einer Mappe voller Zeichnungen, erklärte er, daß er Maler werden wolle. Der Vater war zwar nicht begeistert, gab jedoch sein Einverständnis und finanzierte ihm eine entsprechende Ausbildung.

Sie ging über sechs Jahre, bei einem zwar überaus konservativen, aber hochangesehenen und überaus erfolgreichen Lehrer. Seitdem träumte auch er von solchen Erfolgen. Aber da er von Anfang an einen ganz anderen Weg ging als sein Lehrer, einen ganz anderen Stil entwickelte, war das nicht so einfach. Denn es gab eine Jury, die entschied, was gut und was schlecht war, was zugelassen und öffentlich gezeigt werden durfte und was zurückgewiesen werden mußte. Und diese Jury war konservativ; alles Neue, Ungewohnte, Revolutionäre lehnte sie fast immer ab. Auch viele seiner Werke wurden von der Jury abgelehnt, wenngleich nicht alle.

Einmal zeichnete die Jury ihn sogar mit einer Medaille aus. Das war endlich der ersehnte Anfang zum Erfolg; denn diese Auszeichnung bedeutete,

94

daß die Jury von da an Werke von ihm nicht mehr ablehnen durfte. Da stand er schon in seinem fünfzigsten Lebensjahr und meinte: »Jetzt ist es zu spät, um zwanzig Jahre Mißerfolg wegwischen zu wollen.« Er fühlte sich erschöpft.

Und wirklich war er — ohne es zu wissen — dem Tod nahe. Sein »Rückenmarksleiden«, eine Tabes dorsalis, Folge einer Syphilis, trat ins letzte Stadium. Schon seit einiger Zeit machte ihm sein linkes Bein zu schaffen. Ärtzlich verordnete Kuren halfen nicht.

Als er sein letztes großes Werk begann, konnte er auf dem schmerzenden Bein kaum noch stehen. Immer wieder mußte er die Arbeit unterbrechen, mußte sich hinlegen und ausruhen, um dann sitzend vor der Staffelei weiterarbeiten zu können. Es wurde sein letztes großes Bild, und es brachte ihm ein Höchstmaß an Anerkennung und Lob.

Obleich es ihm zunehmend schlechter ging, gab er nicht auf. Er wollte leben. Und in seinem Kampf gegen den Tod machte er nun alle Phasen durch, auch jene, in der er gesunde Menschen zu hassen begann, nur weil sie gesund waren. Dann mußte ihm das kranke Bein amputiert werden. Das geschah bei ihm in der Wohnung. Gut zehn Tage nach der Operation ist er gestorben, erst 51 Jahre alt.

Wer war's?

25. Täglich zweimal eine Stärkung zu acht Kreuzern

Als man ihn aus dem Klinikum entließ, als unheilbar krank, gab der behandelnde Arzt dem 36jährigen »höchstens noch drei Jahre«. Ein Ehepaar nahm ihn in Pflege, stellte ihm ein kleines Zimmer zur Verfügung, wo er zunächst — wie ein Freund berichtete — »die halbe Zeit des Tages im Bette« zubrachte, später zuweilen Besucher empfing, dabei aber »meistens kalt und einsilbig« blieb, manchmal jedoch auch — wie eine Besucherin überliefert hat — »unaufhörlich aus seinen Einbildungen« redete, »große Werke« erwähnte, »die er geschrieben habe, andere, die er jetzt schreibe«; nur selten jedoch komme »ein eigentümlicher Gedanke, eine geistreiche Verknüpfung in den Strom seiner Worte, die im Ganzen nur gewöhnliches Irrereden« seien. Oft spielte er Klavier, auswendig oder phantasierend. Oder er spielte auf der Flöte. Dann wieder ging er stundenlang in der Stube hin und her. Oder er saß am Tisch und »schrieb täglich eine Menge Papiers voll«.

Die ihm von dem Arzt vorausgesagten drei Jahre überlebte er um mehr als drei Jahrzehnte. Als er sechzig Jahre alt war, von der Öffentlichkeit nahezu vergessen, wurde (wieder einmal) aufgerechnet, welche Kosten durch ihn entstanden. Zu jener Zeit erhielt das Ehepaar, das für ihn sorgte, jährlich 250 Gulden. Dieser Betrag wurde so aufgeschlüsselt: »Für trockenen Tisch« täglich 24 Kreuzer; das machte jährlich 146 Gulden; für »Hauszins« wurden 22 Gulden, für Wein 24, für Kaffee »des Nachmittags« acht, für Schnupftabak sechs, für den »Barbierer« ebenfalls sechs Gulden im Jahr berechnet.

Die 250 Gulden für das Ehepaar waren leicht aus seinem Vermögen zu bestreiten, ja, allein aus den Zinsen desselben, die sich zu jener Zeit auf jährlich 450 Gulden beliefen. Überdies erhielt er ein jährliches »Gratial« aus der Staatskasse von 150 Gulden. Der Sechzigjährige war also kein armer Mann, im Gegenteil, man konnte ihn als wohlhabend bezeichnen. Dies war im wesentlichen seiner Mutter zu verdanken.

Die Mutter hinterließ bei ihrem Tode — als er fast 58 Jahre alt war — ein Barvermögen von 18 863 Gulden. Sie hatte bestimmt, daß ihm bei der Teilung des Erbes mit den Geschwistern nicht abgezogen werden solle, was für ihn in den Jahren seiner Krankheit an finanziellen Aufwendungen nötig gewesen war. Sein Stiefbruder war damit nicht einverstanden. Und es kam zu einem Erbstreit, der erst vor Gericht beigelegt wurde. Der Streit endete mit einem für ihn günstigen Vergleich, bei dem er aus dem Gesamterbe — dazu gehörten noch der Nachlaß einer seiner Schwestern und der Nachlaß des Vaters — 9074 Gulden erhielt.

Dieses Kapital wuchs nicht nur durch die Zinsen, sondern auch durch Einnahmen aus seinen Werken, von denen einiges von Freunden neu herausgegeben worden war. Übrigens schienen ihm solche Neuausgaben nicht immer Freude bereitet zu haben. Es heißt, daß er bei der Mitteilung, sie hätten seine Gedichte »sehr gut redigiert«, in »tiefen Unmut« geraten sei und gesagt habe, »er brauche diese Hilfe nicht, er selbst könne redigieren, was er gedichtet«.

Über den Siebzigjährigen schrieb ein Besucher: »Wenn man seine Fragen recht ruhig und ganz in ordinärem Ton an ihn richtet, dann erhascht man hie und da eine Antwort, die Sinn hat.« Und — auch dies den Siebzigjährigen betreffend — das Honorar für eine »elegante Taschenausgabe« eines Teils seiner Werke solle als ein von ihm »sauer erworbenes Eigentum nach und nach ausschließlich zu einigen Erfrischungen, deren er außer seiner gewöhnlichen Kost in seinem hohen Alter vielleicht manchmal bedarf«, dienen. Zum Beispiel erhielt er »täglich zweimal eine Stärkung an Wein oder warmem Getränk« zu acht Kreuzern.

Er starb im Alter von 73 Jahren. Er hinterließ 12 959 Gulden, die seine Geschwister erbten, und ein Werk, dessen Interpretation noch heute nicht abgeschlossen ist. Damals brachte nur die »Allgemeine Zeitung« eine Notiz über ihn, in der es hieß, daß sein Geist »nach kurzem blendendem Aufleuchten sich mit Nacht umzogen hatte«.

Wer war's?

26. Sein Leben lang nicht
   wirklich anerkannt

Von theoretischen Anschauungen hielt er nichts. Er
mußte alles selber erleben, es mit eigenen Augen
sehen. Das galt auch für den Krieg; deswegen meldete er sich freiwillig, was er so begründete: »Der
Krieg war eine scheußliche Sache, aber trotzdem
etwas Gewaltiges. Das durfte ich auf keinen Fall
versäumen. Man muß den Menschen in diesem
entfesselten Zustand gesehen haben, um etwas
über den Menschen zu wissen . . .«
Obwohl er den Krieg in seiner ganzen unerbitt-
lichen Grausamkeit miterlebte, kam er nie auf den
Gedanken, sich zu drücken. Er wurde Unteroffizier,
dann Vizefeldwebel, er erlitt mehrere Verwundun-
gen und wurde zweimal ausgezeichnet. Der Krieg
(aus dem er als 26jähriger heimkehrte) ließ ihn
nicht mehr los. Aber er verstand ihn nicht als Hel-
denlied, sondern als Apokalypse. Und so hat er ihn
später in seinem Werk dargestellt − unästhetisch,
viehisch, gleichsam unter dem Motto: die Krone der
Schöpfung: das Schwein: der Mensch.
Aber damit wurde er den meisten, die den Krieg
überlebt hatten, zum Ärgernis, ja zum Verräter.
Und vielen blieb er dies sein Leben lang. Denn
auch die Zeit nach dem Krieg stellte er unter diesem
Motto dar. Manche hielten das für Pornographie.
Als ein angesehenes städtisches Museum eines seiner Werke aufkaufte, wurde das als Skandal empfunden, und der Oberbürgermeister jener Stadt −

heute gilt er als einer der größten deutschen Staats-
männer — machte den Kaufvertrag rückgängig und
zwang den Direktor des Museums zum Rücktritt
von seinem Posten.

Wenige Jahre später, unter einer anderen Regierung, wurde sein gesamtes Werk, dem langsam
doch immer mehr Menschen Verständnis entgegen-
brachten, verfemt. Er selber — inzwischen hatte er
auf seinem Gebiet einen Lehrstuhl angenommen —
wurde seines Amtes enthoben. Obwohl er die Möglichkeit hatte, ins Exil zu gehen, blieb er im Land,
weil er meinte, nur da arbeiten zu können. Und immerhin ließ man ihn noch arbeiten (während dies
vielen seiner Kollegen verboten wurde). Mit seiner
Frau und drei Kindern zog er sich in einen abgele-
genen Winkel an der Grenze zurück.

Er wohnte auf einem alten Schloß nahe bei einem
großen See. Aber das hört sich zu sehr nach einem
Idyll an; die Wirklichkeit war keineswegs gemüt-
lich, vor allem im Winter nicht. »Die Kinder haben
schon Zehen und Finger erfroren, es fehlt an Geld
für die Heizung der großen Räume«, schrieb er
einem Freund.

Doch nach und nach konnten sie sich da einrichten.
Das Wichtigste war, daß er arbeiten konnte, wenn
auch eingeschränkt. Und wenn Gäste kamen, bereitete er seinen berühmten »Zwölf-Kräuter-Salat«,
den er manchmal zu einem Salat aus 27 Kräutern
verfeinerte.

Obwohl verfemt und ohne Amt und in seiner Arbeit
stark behindert, konnten er und seine Frau (die aus
einer wohlhabenden Familie stammte) sich in jener

100

Zeit ein Haus bauen. Es lag ganz einsam an einem See. Und noch näher an der Landesgrenze als das Schloß. Drei Jahre nach seiner Fertigstellung war wieder Krieg. Gegen Kriegsende wurde der 53jährige noch einmal eingezogen, zum Volkssturm. Er kam — berichtete seine Frau — »an den Westwall und geriet, da er zu schwach zur Flucht war, . . . in französische Gefangenschaft . . .«.

Er, der es in der Weimarer Zeit so schwer hatte und dann von den Nazis verfemt wurde, zugleich aber von Ribbentrop gebeten worden war, dessen Kinder zu malen, erschien manchen nun wieder als Ärgernis. »Lange Zeit hörten wir nichts von ihm außer ihn schädigen sollende Gerüchte, wie, daß er Frau Ribbentrop zur Flucht in die Schweiz habe verhelfen wollen und säße deshalb im französischen KZ«, schrieb seine Frau sechs Monate nach Kriegsende an Freunde. »Dieser Quatsch, der vermutlich von übelwollenden Freunden verbreitet wurde, fand sogar Glauben . . .« Neun Monate nach dem Krieg kehrte er aus der Gefangenschaft heim.

Längst war er skeptisch geworden. Als Werke des Mittfünfzigers in einer Ausstellung »zur Diskussion gestellt« werden sollten, schrieb er: »Ich schrieb Ihnen schon neulich, daß ich nicht gewillt bin, meine Bilder ›zur Diskussion‹ zu stellen. Wir haben nun in Deutschland jahrelang die Stimme des Volkes über künstlerische Dinge gehört, und wie wenig ist über das wahre Wesen der Kunst dabei herausgekommen. Diskussionen laufen darauf hinaus, daß jeder Spießbürger und jeder ›Blinde‹ seine kleinen Wünsche anbringen möchte. Jeder glaubt zu wissen, wie Kunst *sein sollte.* Die wenigsten haben aber den Sinn, der zum Erleben von Malerei gehört, nämlich den Augensinn . . .«

Vielen schien seine Art, die Dinge zu sehen und sie darzustellen, inzwischen überholt. Es dauerte noch Jahre, bis man ihm wieder eine Dozentur anbot. Aus finanziellen Gründen lehnte er ab: »Ich könnte eine Lehrstelle nur annehmen, wenn die Honorierung angemessen ist. Für 600 minus Steuer = 450 DM kann ich leider nicht . . .« Das war 1954.

13 Jahre später erlitt er einen Schlaganfall, nach weiteren zwei Jahren einen zweiten, an dessen Folgen er, 78jährig, starb. — Sein Name ist vielen, sein Leben kaum bekannt.

Wer war's?

27. Warum er verbannt wurde,
   hat er nie erfahren

Als er jenes überraschende Abenteuer, das er als Enddreißiger bestehen mußte, noch ganz frisch in Erinnerung hatte und es ausführlich schilderte, meinte er: »Mein Schicksal war so sonderbar, daß es schon als Roman interessieren würde; wie weit mehr als wahre Geschichte — möge doch das Individuum, welches sie erlebte, heißen, wie es wolle.« Selbst wenn man das Individuum nicht einfach »K.« nennen würde, könnte sie eine Geschichte von Kafka sein. In den Worten des Herausgebers begann sie so:

»K., ein Vater von sechs Kindern und rechtschaffener Bürger, reist mit seiner jungen schwangeren Frau, den drei jüngsten Kindern, einer siebzigjährigen Kinderwärterin, einem Kammerdiener und zwei Zofen in das Land, dessen Untertan er ist. An der Grenze — sein Paß ist durchaus in Ordnung — wird er verhaftet, von seiner Familie getrennt; seine Papiere versiegelt man. K. weiß nicht, wie ihm geschieht; er kann sich nicht rechfertigen, denn er weiß bis zuletzt nicht, wessen man ihn beschuldigt. Die er befragt, reden sich darauf hinaus, daß sie nur ihre Pflicht tun. Durch Zufall erfährt K., daß er zum geheimen Staatsgefangenen erklärt wurde, erhält er Kunde, daß seine Reise nicht an den Ort des Gerichts, sondern eines schon vollstreckten Urteils führt. Niemand vermag ihm zu sagen, wer das Urteil fällte, wofür es erging, wie es lautet . . .«

Die ersten Tage nach der Verhaftung war er noch mit Frau und Kindern zusammen, in einer Stimmung, die er selber so schilderte: »Meine arme Frau hing bald mit heißen Tränen an meinem Halse, bald lag sie halb ohnmächtig und weinend auf dem Bette. Meine älteste Tochter, ein Mädchen von fünf Jahren, meine gute Emmy, die sehr an mir hängt, kam jeden Augenblick zu mir und schlug ihre kleinen Hände um meinen Nacken. Meine zweite dreijährige Tochter wußte nicht was vorging und weinte darüber, daß man nicht wie sonst auf sie acht gab. Mein jüngster Sohn (von elf Monaten) lächelte unbefangen auf dem Arm seiner Wärterin. Meine Leute liefen bestürzt durcheinander. Im Zimmer war viel Rumor . . .«

Er versuchte, seine Frau zu trösten: »Wir haben, sagte ich, so viele glückliche Tage miteinander verlebt; laß uns jetzt auch das Unglück mutig tragen. Es wird und muß von kurzer Dauer sein . . . Jetzt, meine Beste, beweise, daß du kein gewöhnliches Weib bist. Klagen und Wimmern hilft zu nichts. Standhaft dulden und allenfalls die Rettungsmittel anwenden, die in deiner Gewalt sind: das ziemt der treuen, liebenden Gattin.« Und er nannte ihr eine Reihe von Personen, an die sie schreiben solle.

Dann kam der Abschied. Über Tage und Wochen ging die Fahrt. In seinen Aufzeichnungen heißt es: »Es geht nun in die neunte Woche, daß ich nicht weiß, ob die Meinigen leben oder tot sind. Ach, vielleicht werde ich nie wieder etwas von ihnen erfahren! Meine gute Frau und ich, die wir seit so vielen Jahren nur zweimal, vierzehn Tage, voneinander

104

getrennt waren und diese kurze Zeit kaum überleben zu können glaubten, wir müssen nun, auf ewig auseinander gerissen, unsere Tage hoffnungslos vertrauern! Wird sie es überleben, hat sie es überlebt? O Gott!«

Anfangs war er noch überzeugt gewesen, seine Verhaftung könne nur auf einem Irrtum beruhen. Dann meinte er, er sei das Opfer einer Verleumdung. Und als er in der Kutsche abtransportiert wurde (die er selber hatte kaufen müssen), war er noch ganz sicher, auf dem Weg in die Hauptstadt zu sein, wo er alles werde aufklären können. Aber plötzlich sah er, daß er auf einer ganz anderen Straße und in anderer Richtung fuhr, und da kam ihm die Vermutung: »Nach Sibirien führt man mich, ohne Verhör, ohne Untersuchung, ohne Urteil und Recht, ja, ohne daß man es auch nur der Mühe wert findet, mir zu sagen, warum!« Und so war es wirklich.

Er wagte einen Fluchtversuch. Aber schon nach nur einem Tag wurde er wieder eingefangen. Und die Fahrt ging weiter, mit ihr die kafkaeske Geschichte — weiter in den Worten des Herausgebers seiner Memoiren: »Am Ort seiner Gefangenschaft setzt K. zur schriftlichen Rechtfertigung an: eine Unschuld zu beweisen, die nie in Abrede stand, Beschuldigungen zu widerlegen, die nur er sich erfindet. Aber die Rechtfertigungsschrift ist noch nicht in den Händen dessen, der ihn begnadigen könnte, wie er ihn verhaften ließ, da kommt der Befehl zu seiner Freilassung. Die Obrigkeit nennt auch diesmal nicht die Gründe. K. eilt in die Arme seiner Familie, wie wenn nichts geschehen wäre . . .«

Er wurde großzügig entschädigt für dieses verlorene Jahr seines Lebens. Verloren war das Jahr allerdings doch nicht. Denn seine Beschreibung wurde ein Bestseller, an dem er gut verdiente. Warum er verhaftet worden war, ist nie herausgekommen. Unzweifelhaft ist jedoch dies: Die Regierung jenes Landes hatte ein tiefes Mißtrauen gegenüber Schriftstellern. Ihm gegenüber hätte sie jedoch nicht mißtrauisch zu sein brauchen. Denn er war ein Mann des Vermittelns, des Ausgleichs — heute würde man sagen der Entspannung. Gerade deswegen wurde er — inzwischen 57 Jahre alt — von einem deutsch-national eingestellten Schwärmer ermordet.

Wer war's?

28. Mit 21 schon Professor,
mit fünfzig weltberühmt

Er sei ein sehr schlechter Schüler gewesen, sagte er
später. Doch hat er übertrieben. Gar so schlecht,
wie er es darstellte, inzwischen weltberühmt, war er
als Schüler denn doch nicht. Aber daß er sich auf
der Schule und anfangs auch auf der Universität
nicht wohl fühlte, hatte einen Grund: Sein Interes-
sengebiet wurde damals kaum gelehrt; er selber
war es, der das Gebiet erst zu einer Wissenschaft
machen sollte. Deswegen war er auch von dem
»Naturphilosophen« Schelling so sehr enttäuscht,
daß er sich noch zwanzig Jahre nach dem Besuch
von dessen Vorlesungen ärgerte:
»Ich brachte einen Teil meiner Studienzeit auf einer
Universität zu, wo der größte Philosoph und Meta-
physiker des Jahrhunderts die studierende Jugend
zur Bewunderung und Nachahmung hinriß. Wer
konnte sich damals vor Ansteckung sichern? Auch
ich habe diese an Worten und Ideen so reiche, an
wahrem Wissen und gediegenen Studien so arme
Periode durchlebt, sie hat mich um zwei kostbare
Jahre meines Lebens gebracht. Ich kann den
Schreck und das Entsetzen nicht schildern, als ich
aus diesem Traume zum Bewußtsein erwachte. Wie
viele der Begabtesten und Talentvollsten sah ich an
diesem Schwindel untergehen, wie viele Klagen
über ein völlig verfehltes Leben habe ich nicht später vernehmen müssen!«
Er hat dann in Paris studiert, so erfolgreich, daß er

bei seiner Rückkehr gleich einen Lehrstuhl bekam; mit 21 Jahren war er schon Professor. Und auf seinem Fachgebiet kam er zu einschneidenden Erkenntnissen, die das Leben sehr vieler Menschen in fast der ganzen Welt wesentlich beeinflußten, ihre Lebensbedingungen verbesserten, sie zumindest erleichterten. Seine Erkenntnisse gewann er nicht durch Spekulationen, sondern durch sorgfältige Beobachtungen, durch Erfahrungen, wissenschaftliche Versuche, oft auch — wie folgendes Beispiel zeigt — im praktischen Leben.

Seine Familie bekam Besuch — inzwischen war er fünfzig Jahre alt, verheiratet und hatte zwei Söhne und drei Töchter — von einer 18jährigen Engländerin, einer Freundin seiner ältesten Tochter, die an Typhus erkrankte. Als die Krisis überstanden schien, erklärte der behandelnde Arzt, die Patientin sei nicht mehr zu retten: »Die Erschöpfung ist schon so weit vorgeschritten, daß ihr kein Einhalt mehr geboten werden kann, weil in solchen Fällen der Magen ganz außerstande ist, irgendwelche Speisen zu verdauen: Die Assimilierung ist unmöglich, und deshalb muß der Erschöpfung der Tod folgen.«

Obwohl ihn die Auskunft des Arztes fast verzweifeln ließ, wollte er sie nicht tatenlos hinnehmen. Eine Nacht lang überlegte er, ob er nicht eine kräftige Speise so herrichten könne, daß sie von der Kranken auch ohne Verdauungstätigkeit aufgenommen werden könnte. Am frühen Morgen preßte er aus einem frisch geschlachteten Hühnchen den Fleischsaft und gab ihm einige Tropfen Salzsäure hinzu. Dies flößte er der Erschöpften vorsichtig ein, und es gelang ihm, sie zu retten. Das war der Anfang einer Erfindung, die seinen Namen sehr bekannt werden ließ. Ihr folgte eine ähnliche Erfindung, die ihn weltberühmt machte (und ihm ein kleines Vermögen einbrachte).

Sein Leben lang hatte er Freude am Reisen. Den Fünfzigjährigen entzückte Italien, obgleich ihn die Landschaft kühl ließ. Er berichtete: »Der Münchener Himmel ist ebenso schön wie der italienische, und wo man keine grünen Wiesen mit rieselnden Bächen und keinen Wald hat, da sollte man eigentlich von einer schönen Natur nicht sprechen. Die Bai von Neapel, die Gebirgslinien, die Inseln, das Meer, alles ist prächtig, und ich gestehe gern, daß meine Erwartungen in dieser Beziehung erreicht worden sind; wäre aber der Vesuv nicht im Hintergrunde, so würde ich sagen, daß ich Spezia oder die Riviera vorziehen möchte . . .«

Noch nicht ganz sechzig Jahre alt, klagte er, daß sein Gedächtnis nachlasse. Und er litt an Schlaflosigkeit. Obwohl er Medikamente ablehnte, versuchte er auf eigene Faust allerlei Mittel, darunter ziemlich viel Chloralhydrat und Morphium. Ein Freund riet ihm: »Mache einmal den Versuch und ändere Deine Lebensweise. Laß Morgens vorläufig die Tasse schwarzen Kaffees, die Du im Bett trinkst, weg, frühstücke ordentlich Kaffee oder Thee mit Butterbrod, nachdem Du angekleidet bist, um sieben oder acht Uhr, nimm dann bis zum Mittagessen kein weiteres Frühstück ein, trinke bei Tisch *weißen* Wein, iß weniger Vegetabilisches, iß überhaupt Mittags weniger, iß langsamer, d. h. kaue besser, rauche weniger und nicht so starke Cigarren, vor allem aber laß die Arzneien weg, vertraue mehr auf die Vis medicatrix naturae und arbeite weniger.«

Weniger zu arbeiten war ihm nicht mehr möglich; es wurden immer größere Aufgaben an ihn herangetragen in dem Jahrzehnt, das ihm noch blieb. Kurz vor seinem Tode, im siebzigsten Lebensjahr, fragte er: »Ob man wohl im Alter an Schlaflosigkeit, ohne eigentliche Krankheit, zugrunde geht? Es ist das vegetative Leben, der Ersatz der Nacht, der, wenn er fehlt, die Lampe allmählich zum Verlöschen bringt.«

Wer war's?

29. In der Hoffnung,
daß Ziegenmilch ihm helfen werde

Er hatte einen unbändigen Freiheitsdrang. Selbst von Königen wollte er ihn sich nicht einschränken lassen. Immer sagte er frei seine Meinung. Häufig brachte ihm das Unannehmlichkeiten und Ärger, manchmal sogar Verfolgung und Gefängnis ein. Noch im Alter mußte er sich von einem König, mit dem er lange Zeit in Korrespondenz stand, sagen lassen:

»Sind Sie mit Ihren siebzig Jahren noch nicht vernünftig? Lernen Sie endlich in Ihrem Alter, in welcher Art Sie mir zu schreiben haben! Merken Sie sich dies, daß es für Schriftsteller und Schöngeister erlaubte Freiheiten und unerträgliche Frechheiten gibt! Werden Sie endlich einmal ein Philosoph, das heißt vernünftig.«

Er antwortete: »Sie beehren mich zwar mit Briefen, aber Sie verderben mir diesen süßen Trost durch bittere Vorwürfe. Das Schlimmste, was Sie angerichtet haben, ist dies, daß die in ganz Europa verbreiteten Feinde der Philosophie jetzt sagen können: Die Philosophen können nicht in Frieden miteinander leben. Da gibt es einen König, der nicht an Jesus Christus glaubt; er ruft an seinen Hof einen Mann, der auch nicht an ihn glaubt, und er behandelt diesen Mann schlecht. Es gibt also keine Humanität bei den sogenannten Philosophen, und Gott bestraft die einen durch die andern.«

Und er kam in diesem Brief noch auf eine viele

Jahre zurückliegende Beleidigung zurück, die jener ihm angetan hatte. Geschehen war dies: Nach einem längeren Besuch bei seinem Brieffreund waren beide im Streit auseinandergegangen. Als er abfuhr, hatte er versehentlich ein aus der Bibliothek seines Gastgebers entliehenes Buch nicht zurückgegeben. Deswegen hatte jener ihn in Frankfurt festnehmen lassen, ihn und seine Nichte, die ihm nach Frankfurt entgegengereist war. In seinen Memoiren hat er die Geschichte geschildert:

»Mit Hilfe von Milizsoldaten schaffte man uns in eine Herberge, vor deren Tür zwölf Posten aufgestellt wurden; vier weitere wurden in mein Zimmer beordert, vier auf einen Boden, wohin man meine Nichte befördert hatte, schließlich vier in eine zugige Dachkammer, in der man meinem Sekretär ein Strohlager zuwies. Meiner Nichte gab man zwar ein kleines Bett; aber an Stelle von Kammerfrauen erhielt sie vier Soldaten mit aufgepflanztem Bajonett zur Gesellschaft. Zwölf Tage lang wurden wir wie Kriegsgefangene behandelt.«

In das Land, in dem ihm dies angetan worden war, ist er nicht ein zweites Mal gereist. Er nahm das Ereignis als weiteren Beweis für die Unberechenbarkeit der Mächtigen dieser Welt. Und er entschloß sich, künftig sein eigener Herr zu sein. Da er viel Geld hatte, konnte er sich Land kaufen, mit allen möglichen Rechten, so daß er da fast wie ein Landesherr schalten und walten konnte. Er ließ Bauern und Handwerker für sich arbeiten, deren Erzeugnisse er vertrieb. Selber arbeitete er auf seinem speziellen Gebiet immer mehr.

Als er 76 Jahre alt war und eine größere Arbeit vollenden wollte, wandte er sich brieflich an einen berühmten Arzt um Rat: »Ein Greis von 76 Jahren, seit langem an Skorbut leidend und dadurch entsetzlich abgemagert, fast aller Zähne beraubt, oft von Mandelentzündungen geplagt, von Leibesblähungen, Schlaflosigkeit und all den übrigen damit zusammenhängenden Übeln heimgesucht, bittet höflichst den Doktor Bouvart, für ihn unten auf diesem Zettel zu vermerken, ob er glaubt, daß Ziegenmilch ihm einige Erleichterungen verschaffen könnte. — Es ist wahrscheinlich lächerlich, wenn man in diesem Alter noch geheilt zu werden wünscht. Aber da der Kranke noch einige Geschäfte zu erledigen hat, die immerhin sechs Monate beanspruchen werden, nimmt er sich die Freiheit, zu fragen, ob Ziegenmilch ihn so lange noch am Leben erhalten könnte.«

Eine Antwort des Doktors ist nicht bekannt. Und es ist auch nicht bekannt, ob der kranke, alte Mann von da an Ziegenmilch getrunken hat. Aber ob mit oder ohne Ziegenmilch: Er hat noch acht Jahre gelebt. Das Werk, von dem er dem Arzt schrieb, er werde dafür noch sechs Monate brauchen, war zwei Jahre nach jenem Brief abgeschlossen. Es war ein neunbändiges Werk geworden. Wenn man bedenkt, daß er neben seiner eigentlichen Arbeit und neben der Verwaltung seiner Güter und Fabriken noch eine außerordentlich umfangreiche Korrespondenz führte, dann grenzt das fast an ein Wunder. Noch der Achtzigjährige arbeitete täglich achtzehn bis zwanzig Stunden.

Als er 84 Jahre alt war, kehrte er noch einmal in seine Geburtsstadt zurück, die er 28 Jahre lang nicht mehr gesehen hatte. Er kam nicht heimlich, sondern wie ein Triumphator. Vielleicht war die Aufregung zuviel für ihn. Wenig später ist er dort gestorben. Der König ließ die Zeitungen anweisen, möglichst kurz über ihn zu berichten, und die Kirche verweigerte ihm ein Begräbnis in geweihter Erde.

Wer war's?

30. Immer tiefer in Einsamkeit und Trunk versunken

Vor Gericht, angeklagt wegen Gotteslästerung, sagte er: »Es geschieht viel Unrecht, und durch ein ganz bestimmtes inneres Muß bin ich eben an die Seite derjenigen getrieben, die dieses Unrecht bekämpfen. Ich finde, es geschehen zuviel Brutalitäten, es ist zu wenig Liebe da. Wo man hinsieht, sieht man Phrasen, Unrecht, Brutalität . . .«

Obwohl freigesprochen, verließ er drei Jahre später sein Land, in dem er − so schien es jedenfalls − vergeblich für eine bessere Welt, gegen Unterdrükkung, Ausbeutung, Betrug und Dummheit gekämpft hatte. Als junger Mensch war er zu der Überzeugung gekommen: »Die Menschen sind Schweine, das Gerede von Ethik ist Betrug, bestimmt für die Dummen.« Jetzt hatte er das Gefühl: »Ich hatte die erste Runde verloren, boxerisch gesprochen. Ich merkte, daß auf meine Zeichnungen einfach nicht gehört wurde. Meine Warnung war sozusagen eine Warnung in den Wind gewesen.«

Das war zu jener Zeit auch anderen so ergangen. Er war indessen so pessimistisch − man könnte auch sagen: so scharfblickend −, daß er die Hoffnung, doch noch etwas bewirken zu können, für illusorisch hielt und sie deswegen aufgab. Dadurch hat er sich viel Ärger erspart, wahrscheinlich sogar sein Leben gerettet.

Er ging in ein Land, von dem er schon als kleiner Junge geträumt hatte, so wie Menschen vom Paradies träumen. Er hat sich seinen Traum nicht nehmen lassen; nachdem er in seiner Heimat alles nur kritisch hatte sehen können und immer alles durchschaut hatte, fand er die neue Welt völlig in Ordnung. Wahrscheinlich wollte er dort einfach alles positiv sehen. Sein Problem sei es gewesen, schrieb er später, daß er ein Mensch war, der lieben wollte: »Diesen Haß, den ich in mir hatte, den ließ ich einfach zurück. In anderen Worten: es war vielleicht auch etwas zu Ende in mir.«

Das neue, vergleichsweise bürgerliche Leben, das er nun führte (mit Frau und Kindern), machte ihn nicht glücklich. Zwar arbeitete er viel, hatte auch immer wieder Aufträge, wurde anerkannt und mehrmals ausgezeichnet, aber was er machte, scheint ihn nicht ausgefüllt zu haben. Er wurde einsam, er begann zu trinken und ist – so schreibt einer seiner Biographen – immer »tiefer in Einsamkeit und Trunk versunken«.

Er ist nicht etwa verkommen. Und er hat immer gearbeitet, zeitweise als Lehrer, aber in einem Interview sagte er einmal: »Ich war immer bedrückt und immer aufgerührt von einem Gefühl der Sinnlosigkeit im Leben.« Wenigstens zeitweise mag ihm der Alkohol über dieses Gefühl hinweggeholfen haben. Seine Frau jedoch war darüber so verzweifelt, daß sie eines Tages einen Selbstmordversuch unternahm. Ihn scheint ihre Verzweiflung kaum berührt zu haben.

Inzwischen hatten sich die politischen Zustände in seinem Heimatland wieder normalisiert. Nach mehreren Reisen dorthin ließ sich der 65jährige, dessen Werk zunehmend Anerkennung gefunden hatte, überreden, endgültig heimzukehren. Nach 26jährigem Exil kehrte er zurück in die Stadt seiner Kindheit und seiner ersten großen Erfolge, zurück in dieselbe Wohnung, in der seine Frau und er viele Jahre gelebt hatten und wo auf dem Dachboden noch Kisten voll alter Briefe und Zeichnungen standen.

Vielleicht wollte er sein altes Leben genau dort wieder aufnehmen, wo es einst unterbrochen worden war, in den Cafés, Restaurants und Kneipen, in denen er so oft mit Freunden und Kollegen gehockt und geredet und politisiert hatte. Zusammen mit einem Journalisten und einem Künstler machte er einen Lokalbummel, nachdem sie schon den ganzen Nachmittag bei ihm daheim getrunken hatten. Spät am Abend kam er nach Hause. Aber dann war er, der keine Ruhe finden konnte, offenbar noch einmal losgezogen. Am nächsten Morgen fand ihn eine Zeitungsfrau im Eingang zu seinem Wohnhaus, an Erbrochenem erstickt.

Wer war's?

31. Frauen, die reiten, konnte er nicht ausstehen

»Du und ich sind außer aller Ordnung«, schrieb er einmal seiner Schwester. Und in diesem Bewußtsein lebte er sein chaotisches Leben, als — so haben Psychiater später geurteilt — ein absonderlicher, launenhafter Psychopath, der trotz seiner geradezu weiblichen Anschmiegsamkeit rücksichtslos und verletzend sein konnte.

Der 19jährige verliebte sich in eine neun Jahre ältere Professorenfrau, die sich seinetwegen scheiden ließ und die er dann, inzwischen 25 Jahre alt, heiratete. Als er sie einmal reiten sah, bekam er einen Wutanfall und beschimpfte sie: »Sie ist eine Lügnerin, eine Kokette, eine Sirene, die mich bestrickt, aber nicht verdient.« Der Grund für die Beschimpfung: Sie sei geritten, obwohl sie gewußt habe, daß er reitende Frauen nicht ausstehen könne.

Nach kaum einjähriger Ehe hielt er es daheim nicht mehr aus. Er zog zu einem Freund in eine andere Stadt, hatte dann aber sofort Sehnsucht nach seiner Frau. Sie schrieb ihm: »Soll ich weinend oder lachend antworten? Einen größeren Don Quichotte wie dich trug gewiß nie die prosaische Erde! Zu Hause sitzt sein treues Weib, liebt ihn, lebt eingezogen, arbeitsam, trägt ihn in und unter dem Herzen und ist ganz zufrieden — er reist ganz lustig durch die Welt zu einem geliebten, wunderholden, einzigen Freund . . .«

Zwei Jahre später starb sie bei der Geburt ihres

dritten Kindes. Und er war nach weniger als einem Jahr wieder verheiratet. Eine 16jährige hatte sich ihm — so stellte er es dar — »entschlossen wie ein Mann« und »mit erschrecklicher Gewalt« an den Hals geworfen, indem sie von zu Hause durchbrannte und mit ihm aus der Stadt floh, ihn dann aber mit Hilfe ihrer Familie zur Heirat zwang. Sie brachte ihn an den Rand der Verzweiflung: »Zweimal hat sie mich geschlagen und mich endlich dahin gebracht, daß ich sie auch einmal gewalkt. Ich möchte verzweifeln über mein verfluchtes Weib, das mir einen Jammerkübel über den anderen übergießt.« Erst nach fünf Jahren setzte er die Scheidung durch.

Gereiratet hat er danach nicht mehr. Doch wollte er auch nicht allein leben, und als sein Freund seine Schwester heiratete, hoffte er, das junge Paar werde ihn bei sich aufnehmen: »Ich will mich eurem Willen ganz unterziehen«, schrieb er, »ich will euch nicht stören, ich will euch Freude machen auf alle Weise; alles was euch Unrecht scheint, will ich vermeiden. Ich will fleißig sein und euch meine Arbeiten wie ein Pensum mitteilen. Nur laßt mich bei euch leben, damit ich mich wieder sammle und auf die Bahn des Rechten komme.«

Sie wollten ihn aber nicht bei sich wohnen lassen. Und sicher taten sie gut daran. Sonst wäre es ihnen vielleicht so ergangen wie später jenem Kunstprofessor und seiner Frau, vor deren Haus er eines Nachts stand und um Quartier bat, obgleich er die beiden nur flüchtig kannte. Sie nahmen ihn auf, für ein paar Tage, so meinten sie. Sie gaben ihm ein

Zimmer, doch nahm er schon am nächsten Tag ein zweites in Beschlag. Und dann wurden sie ihn trotz aller Vorhaltungen und Anstrengungen nicht wieder los. Und ihre Ruhe war hin, denn er empfing ständig Besucher und verbreitete Unordnung über das ganze Haus.

Schließlich, nach siebenjähriger Leidenszeit, wußte sich der Hausherr nur noch dadurch zu helfen, daß er das Haus verkaufte. Da mußte auch er seine Sachen packen und ausziehen. Er zog zu seinem Bruder, wurde krank und starb zwei Jahre später, nicht ganz 65 Jahre alt.

Was er hinterließ, spiegelt nicht nur die Zerrissenheit, die Unordnung, das Chaotische seines Lebens, sondern auch dessen andere Seite: Sehnsucht nach Ordnung, nach Schönheit und vor allem Phantasie und Genialität.

Wer war's?

32. »Solange man lebt, muß man leben . . .«

Als die 87jährige auf ihr Leben zurückblickte, meinte sie, es sei wohl die Idee einer ihrer Großmütter gewesen, einer Frauenrechtlerin, daß sie, gleich ihren vier Brüdern, »das Gymnasium machen« sollte. Das war zu ihrer Zeit leichter gesagt als getan, denn Mädchengymnasien gab es nicht. Indessen war der Vater wohlhabend genug, die einzige Tochter privat unterrichten zu lassen. Sie lernte leicht, gern und schnell. Mit 17 machte sie das Abitur. »Es verlief glänzend.« Danach begann sie zu studieren, und zwar Mathematik und Physik. Aber nach einigen Semestern brach sie das Studium ab, weil sie heiratete. »Vielleicht hätte ich zu Ende studiert und auch Examina gemacht«, sagte sie später. »Ich hatte ja erst vier oder sechs Semester studiert, als ich heiratete, und wie ich dann verheiratet war, kam bald das erste Baby und dann sofort das zweite, und sehr bald kam das dritte und vierte.« Insgesamt wurden es sechs.
Daß das erste Kind ein Mädchen war, hatte sie sehr enttäuscht, ja mehr: »Ich war sehr verärgert«, sagte sie noch viele Jahre später. »Ich war immer verärgert, wenn ich ein Mädchen bekam, warum, weiß ich nicht. Wir hatten ja im ganzen drei Buben und drei Mädchen. Wenn es vier Mädchen und zwei Buben gewesen wären, wäre ich außer mich geraten. Aber so ging's. Mein Mann war viel mehr für die Mädchen.« Als das sechste Kind kam und ein

Knabe war und damit ja erst das Gleichgewicht hergestellt wurde, schrieb ihr Mann in sein Tagebuch, er sei im Sinne seiner Frau »sehr froh über das männliche Geschlecht, das für sie ohne Frage eine psychische Stärkung« bedeute.

Ihr Mann war acht Jahre älter als sie. Er hatte nicht studiert, er hatte es auf der Schule, die er haßte, nicht einmal bis zum Abitur ausgehalten. Zwei Jahre nach der Hochzeit schrieb er (und veröffentlichte es): »Glanz umgibt micht. Nichts gleicht meinem Glücke. Ich bin vermählt, ich habe eine außerordentliche schöne junge Frau — eine Prinzessin von einer Frau, . . . die das Abiturientenexamen gemacht hat, ohne deshalb auf mich herabzusehen . . .«

Als das fünfte und nur ein Jahr darauf das sechste Kind auf die Welt kamen, waren die Zeiten hart: Es herrschte eine solche Lebensmittelknappheit, daß es unmöglich war, eine kinderreiche Familie auf reguläre Weise satt zu kriegen. Sie erinnerte sich später: »Ein junger Mensch von höchstens siebzehn Jahren kam einmal zu uns und sagte: Also, wenn Sie mal was brauchen, da könnt i scho allerhand beibringen. — Und ich sagte: Na ja, da werden wir vielleicht doch dies oder das an Lebensmitteln benötigen. — Dann hat er mal ein bißchen Butter geliefert, mal Eier und so. Ich erwartete in der Zeit meine jüngste Tochter, und gleich das Jahr darauf erwartete ich meinen jüngsten Sohn. Da sah er mich ganz streng an und sagte: Scho wieder, Frau Doktor? Den kann i nimmer ernährn!«

Die Geburt des sechsten Kindes hatte zur Folge,

daß die Familie in ihrem großen Haus unter sich bleiben durfte. Es bestand nämlich, so erzählte sie ein halbes Jahrhundert später, Mietzwang, von dem auch sie bedroht waren, solange sie nur sieben Personen in ihrem Haus waren. Nun waren sie acht. »Da ging ich aufs Amt und sagte: Wir brauchen jetzt keinen Zwangsmieter aufzunehmen, wir haben noch ein neues Baby. Da sagte der Beamte: Dazu hatten Sie kein Recht!«

»In dieser Art waren meine Erlebnisse«, fügte die 87jährige rückblickend hinzu, als sie über ihr Leben befragt wurde. Vom Beginn ihrer Ehe an hatte sie ihr Leben ganz dem Leben ihres Mannes angepaßt, ja es völlig in dessen Dienst gestellt. Ihr fiel ja mehr als allein die Erziehung der Kinder und die Bewältigung des großen Haushalts zu, sie mußte auch immer ihrem Mann bei seiner Arbeit helfen, durch Begutachten, durch — so sagte er — »Wohltätigkeit, menschliche Beratung und so weiter«.

Später schrieb er einmal voller Dankbarkeit vom »›Bündnis‹ mit der Frau, die mein Leben teilt — dies schwierige, Geduld vor allem erfordernde, aber leicht ermüd- und verstörbare Leben, von dem ich nicht weiß, wie es sich ohne den klugen, tapferen und zart-energischen Beistand der außerordentlichen Gefährtin auch nur, wie geschehen, hätte behaupten sollen«. — Das schrieb er nach 25jähriger Ehe. Und auch dies schrieb er über seine Frau: »Solange Menschen meiner gedenken, wird ihrer gedacht sein.«

Ihre Ehe dauerte ein halbes Jahrhundert. Einen großen Teil dieser Zeit lebten sie in der Fremde, nicht darbend, nicht einsam, nicht am Boden, aber doch als Emigranten. Und die ersten Jahre waren schwer, denn sie hatten alles, was sie besaßen, zurücklassen müssen und mußten — da war sie fünfzig — noch einmal von vorn anfangen. Als es geschafft war, wurde ihr Mann krank; die Ärzte diagnostizierten Lungenkrebs. Ihr Mann wurde operiert und lebte und arbeitete danach ohne Beschwerden noch ein volles Jahrzehnt.

Sie überlebte ihn um fast 25 Jahre. »Ich habe tatsächlich mein ganzes, allzu langes Leben immer im strikt Privaten gehalten«, sagte die 87jährige, »nie bin ich hervorgetreten, ich fand, das ziemte sich nicht.« Und als Neunzigjährige zu einem ihrer Söhne: »Der alte Fontane hat gesagt: Solange man lebt, muß man leben, und das versuche ich jetzt halt auf meine Art.« Bis zu ihrem 97. Lebensjahr hatte sie dafür noch Zeit.

Wer war's?

33. Er trug immer nur weiße Anzüge

Immer wieder faszinierten ihn Erfindungen. Maschinen vor allem. Sie faszinierten ihn so sehr, daß er ein Vermögen in ihre Entwicklung steckte. Aber da er mehrmals das Pech hatte, daß die von ihm geförderten Erfindungen von besseren Modellen überflügelt wurden (noch ehe die seinen fertig waren), stand er eines Tages mit gewaltigem Verlust da. Zu der Zeit ging er auf die Sechzig zu und hätte sich eigentlich auf einen ruhigen Lebensabend vorbereiten können. Obwohl aus recht bescheidenen Verhältnissen stammend und trotz einer höchst mangelhaften Schulbildung, hatte er es nach Anläufen in ganz unterschiedlichen Berufen schon als Mittdreißiger zu so viel Geld gebracht, daß er für sich und seine Familie ein sehr ansehnliches Haus bauen konnte, mit neunzehn großen Räumen und fünf Bädern.

Gut zwanzig Jahre später war er bereit, es seinen Gläubigern zu überlassen. Für ihn völlig überraschend ging der Verlag in Konkurs, bei dem er fast alles verlegte und in den er und seine Frau überdies viel Geld investiert hatten. Plötzlich sah er sich Riesenforderungen von nahezu hundert Gläubigern gegenüber. Er wollte ihnen außer dem Haus, das auf den Namen seiner Frau eingetragen war, auch noch seine Copyrights überlassen. Vor beidem warnte ihn ein Berater. Aber auch der Berater meinte, er solle den Gläubigern alles hundertprozentig zurückzahlen. Und seine Frau schloß sich dieser Meinung an.

»Es war also entschieden«, erinnerte er sich später, »ich durfte nicht länger müßig sein. Ich mußte wieder arbeiten ... Meine Frau meinte, ich könnte die Schuldenlast in vier Jahren abtragen.« Was seiner Frau vorschwebte, war eine Vortragsreise. Er war einverstanden. Gemeinsam gingen sie, er war inzwischen fast sechzig, auf eine Vortragsreise rund um die Welt. Er nannte es später einen »Raubzug«. Fast vier Jahre lang schickte er von unterwegs alle Honorare, die er einnahm, nach Hause an seinen Berater. Und schließlich kam von dem Berater ein Telegramm: »Alle Gläubiger haben ihr Geld ...«

Er hatte es also geschafft, er war wieder frei. Und da er während der Reise ein Buch geschrieben hatte und seine alten Bücher, deren Copyrights er behalten hatte, inzwischen neu aufgelegt worden waren, hatte er sogar bald auch noch die Verluste ausgeglichen, die er mit seinen Investitionen für Maschinen erlitten hatte. Der Erfolg seiner Bücher aber war nur möglich, weil er seinen Namen ehrlich gehalten hatte; zu seiner Zeit galt es noch als Schande, Bankrott zu machen. Er war so angesehen, daß drei höchst ehrenvolle Universitäten ihn mit Ehrendoktortiteln auszeichneten.

Als er den dritten Doktortitel erhielt (von Oxford), war er schon über siebzig. Aber er sah viel jünger aus, was vor allem an seinem vollen Haarschopf lag. In seiner Autobiographie erzählte er, daß die Leute ihm »ziemlich regelmäßig sagten: ›Sie würden nicht so jung aussehen, wenn Sie kahl wären wie die meisten Männer ihres Alters. Wieso haben Sie noch einen solchen Haarwuchs?‹«

Er machte daraus so etwas wie ein Grundsatzthema: »Ich sage den Leuten, daß mein Haar wahrscheinlich deswegen noch nicht ausgegangen sei, weil ich es sauber hielte, es jeden Morgen gründlich mit Wasser und Seife reinigte, gut ausspülte, dann wieder tüchtig einseifte und schließlich den Schaum mit einem groben Handtuch abriebe – ein Verfahren, bei dem jedes einzelne Haar von einer dünnen Ölschicht, einem Rückstand der Seife, bedeckt bliebe. Durch das Waschen und Ölen würde das Haar weich, geschmeidig und seidig ...«

Auf diese Antwort werde ihm stets mit derselben »törichten Bemerkung« entgegnet: »Wasser schadet dem Haar, weil es die Wurzeln verfaulen läßt.« Und er fügte hinzu: »Diese Bemerkung wird nie zweifelnd, sondern immer überzeugt vorgebracht, in einem Ton, der darauf schließen läßt, daß der Betreffende das Problem gründlich studiert hat. Wenn ich dann aber frage: ›Woher wissen Sie das?‹ ist er in der Klemme ... Frage ich ihn, ob er sein eigenes Haar durch Wasser ruiniert habe, stellt sich heraus, daß er es aus Angst, die Wurzeln könnten verfaulen, nicht oft mit Wasser in Berührung bringt, und daher nicht aus eigener Erfahrung spricht ... Und schließlich gibt er zu, daß ›alle Leute sagen‹, Wasser schade den Haarwurzeln.«

Das gleiche sei es mit Fragen der Religion und der Politik, meinte er: »Auch ihre religiösen und politischen Überzeugungen beziehen die Menschen fast immer aus zweiter Hand und ohne sie genau zu prüfen, von Gewährsleuten, die wiederum die fraglichen Probleme nicht untersucht, sondern von anderen, nicht zum Nachdenken neigenden Leuten übernommen haben, deren Meinung darüber nicht einen roten Heller wert ist . . .«

Und der Siebzigjährige folgerte, daß ihm in seinem ganzen Leben »keine ähnliche Herde von Eseln begegnet ist, wie es die menschliche Rasse ist«. Und er, der sich täglich das Haar wusch und immer nur weiße Anzüge trug, weil er andere Kleidung für unsauber hielt, bezeichnete sich als »das allereinzige sauber gekleidete menschliche Wesen der ganzen Christenheit nördlich des Äquators«.

Wer war's?

34. Nicht um eine Minute
von seinem Zeitplan abgewichen

Er hatte Erfolge, hatte Millionenauflagen, hatte auch Geld, hatte eine Frau, hatte Kinder. Und von seiner Frau sagte er: »Sie erst hat mich zu dem gemacht, was ich geworden bin, sie hat einen Verbummelten wieder das Arbeiten gelehrt, einen Hoffnungslosen die Hoffnung. Durch ihren Glauben, ihre Treue, ihre Geduld wurde aufgebaut, was wir heute besitzen.«

Mit seiner Frau und den drei Kindern hatte er sich in ein kleines Dorf auf dem Land zurückgezogen, hatte da, an einem See, ein Haus gekauft, hielt sich einen Hund, eine Kuh und Bienen. Und dort arbeitete er, schrieb nach einem von ihm selbst aufgestellten Zeitplan: »Dies ist das eherne, unumstößliche Gesetz meines Lebens, das einzige Gesetz vielleicht, das ich nie gebrochen habe: das Pensum wird geschrieben.« Nicht um eine Minute wollte er von seinem Zeitplan abweichen. Pünktlich um 7.15 Uhr morgens mußte er mit dem Frühstück beginnen, und als es sich einmal um eine Minute verzögerte, fuhr er seine Frau an: »Sieben Uhr fünfzehn ist pünktlich, sieben Uhr sechzehn die Hölle.«

Sein harter Arbeitsplan war aber immer nur auf eine übersehbare Anzahl von Tagen angelegt. In diesen Tagen mußte sein Werk fertig werden. Um sich von Anfang an einigermaßen sicher zu fühlen, daß er auch wirklich in der vorgesehenen Zeit fertig wurde, zwang er sich dazu, an jedem Tag mehr zu schaffen als am Tag zuvor. Während der Arbeit rauchte er täglich 120 bis 200 Zigaretten. Aber er hütete sich dann vor alkoholhaltigen Getränken. Und ebenso vor Drogen. Erst wenn die Arbeit fertig war, abgeliefert und angenommen, trank er wieder. Nicht daheim, sondern in Kneipen. Oft viele Tage lang, bis er besinnungslos betrunken war. Manchmal mußte seine Frau ihn suchen lassen.

Eigentlich war er deswegen aufs Land hinausgezogen, in die dörfliche Einsamkeit, um die Versuchung, jeden Abend in irgendwelche Kneipen zu gehen, die in der Großstadt viel größer war, möglichst klein zu halten. Es war also, wie er seinem Verleger einmal gestand, ein Fluchtversuch vor dem Alkohol, der sich jedoch für ihn, als er Schwierigkeiten mit staatlichen Instanzen bekam, zu einer Art Emigration auszuwachsen schien: »Ich bin sehr ängstlich geworden«, schrieb er, »ich lese keine Kritiken mehr, weder gute noch schlechte. Wie ich vor dem Teufel Alkohol auf das Land ausgerissen bin und mich dabei eigentlich recht gut befinde, so möchte ich mich jetzt ganz schneckenhaft von allem, was in der Welt vorgeht, abschließen . . .«

Von der Welt abschließen aber konnte er sich auch in seiner »Trösteinsamkeit« nicht. Denn durch seine Veröffentlichungen setzte er sich aus, war also kontrollierbar. Um weiterarbeiten zu können und weil er nicht im Ausland »auf irgendeinem doofen Emigrantenschmollstühlchen« versauern wollte, machte er Kompromisse. Aber er war mutig genug zuzugeben, daß er kein Held war: »Ich liebe nicht die hohe Geste, vor Tyrannenthronen mich sinnlos, niemandem zum Nutzen, meinen Kindern zum Schaden, abschlachten zu lassen — das liegt mir nicht.«

Froh wurde er dabei nicht. Und immer wieder suchte er Vergessen im Alkohol. Oder mit Hilfe von Morphium. Nach 15jähriger Ehe verließ er seine Frau und die Kinder, weil er eine andere kennengelernt hatte, eine Alkoholikerin und Morphinistin.

Einmal noch kehrte er zu seiner Frau zurück, um wieder mit ihr zu leben. Aber nach einem Streit schoß er auf sie. Zwar hatte er sie nicht getroffen, aber es kam zu einer Anklage wegen versuchten Mordes, und er mußte für dreieinhalb Monate in eine geschlossene Anstalt. Nach seiner Entlassung heiratete er die Alkoholikerin. Und immer wieder suchte er mit ihr zusammen (durch Alkohol, Morphium, Kokain) den »kleinen Tod«. Aber er hat trotzdem, sogar in der psychiatrischen Anstalt, immer wieder gearbeitet. Und mit großem Erfolg.

Alt ist er nicht geworden. Er starb, erst 53 Jahre alt, an Herzversagen.

Wer war's?

35. Vom großen König
   erhielt sie nur drei Taler

Bücher waren für sie das Höchste, Bücher lesen oder sie gar schreiben können! Sie kam aus so ärmlichen Verhältnissen, daß man nicht einsah, sie auch nur auf die einfachste Schule zu schicken. Aber ein recht gebildeter Oheim brachte ihr lesen und schreiben und sogar einige lateinische Brocken bei. Von da an las sie, was sie an Büchern nur auftreiben konnte. Doch mußte sie ihre Leseleidenschaft vor den Eltern verheimlichen. Später auch vor ihren Männern, die nicht einsehen wollten, daß Lesen zu irgend etwas gut sein könne.

Zweimal war sie verheiratet, ohne jedoch damit auch versorgt zu sein. Sieben Kinder brachte sie zur Welt, von denen nur zwei, eine Tochter und ein jüngerer Sohn, überlebten. Die meiste Zeit mußte sie allein für sie sorgen. Der erste Mann hatte sich scheiden lassen, der zweite kam zum Militär, aber nie mehr zurück. Oft konnten die Kinder und sie sich nicht satt essen. Aber eines Tages — so schrieb sie später — »wandte das Glück seine Stirn mir zu, ... meine Tage wurden durch zufällige unerwartete Geschenke gramlos gemacht«.

Inzwischen hatte sie durch ihr Lesen und Schreiben zu der ihr eigenen Begabung gefunden. Sie wurde bekannt und so berühmt, daß sich sogar ihr König für sie interessierte und sie eines Tages zu sich kommen ließ. Als er erfuhr, wie sehr sie auf Spenden und Geschenke angewiesen war, um überhaupt leben zu können, versprach er ihr: »Ich will schon sehen, will sorgen für sie.«

Schon hieß es, sie werde eine jährliche Pension von 200 Talern bekommen. Und ein Haus. Aber der König vergaß sein Versprechen, auf das sie so gebaut hatte. Obgleich sie ihn mehrmals zu erinnern wagte, ließ er sich zwanzig Jahre Zeit, um ihr endlich drei Taler auszahlen zu lassen. Ihrer Verehrung für den großen König tat das aber keinen Abbruch. Und was er nicht gehalten hatte, erfüllte sein Nachfolger. Er schenkte ihr ein Haus. Inzwischen war sie Mitte Sechzig. Nach dem Richtfest schrieb sie:

»Mein Haus hat drei Stockwerke in der Höhe, sechs Fenster in der Breite und ist überaus niedlich gebaut, schöne Türen mit gelben Schlössern, schöne Fenster mit großen Scheiben und hübschen Öfen ... Ein klein dreieckiges Höfchen mit einem Brunnen und schöne gewölbte Keller hat's auch und eine ganz himmlische Aussicht in viele Gärtchen und weithin über eine Brücke ...«

Aber da hatte sie auch schon gemerkt, daß ihr das Haus, obwohl geschenkt, eine Menge Kosten verursachte. Etwa zum Richtfest: »Diese Geschichte kostet mich alles in allem gerechnet den halben Teil von hundert Talern ...« Das »Gründen der Wände« mußte sie selber bezahlen: acht Taler. Und als sie eben drei Tage im fertigen Haus wohnte — im untersten Geschoß; die Etagen wollte sie vermieten —, wurden ihr »vier Mann Husaren angesagt zur Einquartierung«. Auch das kostete Geld: »Ich mußte die bärtigen Kriegsmänner mit acht Talern fortschaffen ...«

Und so ging es weiter: »Die Kosten haben noch kein Ende«, schrieb sie, »ich kann sie nicht alle herzählen, fünf Taler achtzehn Groschen mußte ich neulich geben fürs Eintragen in die Feuerkasse, sieben Taler acht Groschen für den Grundbrief, nun kommt noch die Auslösung des Feuerkassenscheins und des Hypothekenscheins . . .« Und sie klagte: »Ja, schuldig bin ich auf der Bank hundertfünfzig Taler, mein Wechsel liegt da zum Pfande, denn die Trinkgelder an die Bauleute betrugen mehr als hundert Reichstaler . . .«

Sie, die ein Leben lang nichts besessen hatte, erkannte nun die Probleme, die Besitz mit sich bringt. Und sie sah sich schon gezwungen, die Kosten auf ihre Mieter abzuwälzen: »Nach Steigerung der Mietzinsen meiner beiden Etagen nehm ich vielleicht künftig im Jahr hundertdreißig Taler ein. Dies ist alsdann der ganze Vorteil, den ich aus dem königlichen Geschenke ziehen kann.« Ihr Trost war, »daß es ein sicheres Erbteil bleibt für meine Kinder«.

Nur gut zwei Jahre wohnte sie in dem Haus. Dann starb sie, im 69. Lebensjahr. Heute ist sie fast vergessen. Auch ihre Lieder sind vergessen, obgleich sie sich anderes erhofft hatte: »Einst sterb' ich! Doch mein Lied geht nicht zum Grabe mit!«

Wer war's?

134

36. Hoffnungslos dem Spiel verfallen

Der Einundvierzigjährige glaubte fest daran, beim Roulette schnell zu Geld zu kommen, und er verteidigte sich schon im voraus: »Übrigens sehe ich in dem Wunsch, möglichst viel Geld in möglichst kurzer Zeit zu gewinnen, nichts Schmutziges.« Er begann seine Spielzeit in Wiesbaden, wohin er mit seiner Freundin gefahren war, während seine an Schwindsucht leidende Frau daheim blieb. Anfangs schien er Glück zu haben. Am ersten Abend gewann er 10 000 Francs. Aber in derselben Nacht verspielte er sie wieder. Am nächsten Tag gewann er 3000. Mit dem Gewinn reisten sie nach Paris, wo er den größten Teil verspielte. Wieder in Deutschland, verlor er in Baden-Baden den Rest. Danach fuhren sie nach Turin, wohin er sich von seiner Frau Geld schicken ließ, das er ebenfalls sofort verspielte. Er mußte seine Uhr versetzen und einen Ring der Freundin, um wenigstens das Fahrgeld für die Heimreise zu haben. Völlig abgebrannt kam er schließlich zu Hause an.

Eine Zeitlang arbeitete er, war aber finanziell nicht erfolgreich. Er machte Schulden. Als seine Frau starb, fuhr er wieder nach Deutschland, wo er seine Freundin vermutete und wo er wieder spielen wollte. Geld hatte er von seinem Verleger bekommen — für die Rechte an allem, was er bis dahin geschrieben hatte, und für einen noch zu schreibenden Roman. In Wiesbaden ging er sofort in die

Spielbank und verlor alles. Seiner Freundin, die sich in Paris aufhielt, schrieb er: »Meine Lage ist unaussprechlich übel. Noch einen Schritt weiter, und ich werde mich in einem unvorstellbaren Wust von Armut und Unanständigkeit befinden ...« Und er beschwor sie, für ihn bei Freunden nur irgendwie Geld aufzutreiben.

Als er endlich von einem Freund etwas Geld bekam, fuhr er heim. Dort begann er, einen großen Roman zu schreiben. Zwischendurch diktierte er einen anderen Roman. Und die Stenographin, der er ihn diktierte, wurde seine zweite Frau. Mit ihr reiste er nach Berlin, weiter nach Dresden, wo sie zurückblieb, während er nach Homburg fuhr, um wieder sein Glück im Spiel zu versuchen. Wieder verlor er alles, und seiner Frau schrieb er:

»Schick mir sogleich 20 Reichstaler, sobald Du diesen Brief bekommst, unverzüglich, noch am selben Tage, noch im selben Augenblick, wenn möglich. Verliere keine einzige Minute Zeit. Das ist meine größte Bitte. Zuallererst will ich meine versetzte Uhr einlösen, dann muß ich mein Hotel bezahlen, dann das Fahrgeld, und alles, was übrigbleibt, bringe ich zurück ...« Aber drei Tage später:

»Meine Teure, meine Freundin, meine Frau, vergib mir, nenne mich nicht einen Lumpen, ich habe ein Verbrechen begangen, ich habe alles verloren, was Du geschickt hast — alles, bis zum letzten Kreuzer. Gestern hab ich's bekommen und gestern verloren ... Schick mir eiligst, augenblicklich (sofort) etwas Geld für die Reise, selbst wenn es Dein letztes ist ...«

Ihr letztes Geld! Aber es blieb nicht sein letztes Spiel! In Baden-Baden, wohin sie dann zusammen fuhren, ging es mit dem Spielen weiter. Manchmal gewann er, aber immer spielte er weiter, bis alles verloren war. Und immer aufs neue mußte alles Mögliche versetzt werden: seine Uhr, die Eheringe, der Schmuck, sogar Kleidung seiner Frau, auch von ihm.

»Herr Jesus, wann werden wir aus diesem verfluchten Sumpf herauskommen«, schrieb sie in ihr Tagebuch. »Ich muß meinen Mann nicht nur gegen andere, sondern auch gegen sich selbst beschützen, denn er hat nicht die geringste Selbstzucht. Er verspricht, er gibt sogar sein Ehrenwort, aber er handelt ganz anders. Ich bin überzeugt, daß unsere Gewinne, die einmal bis auf 168 Louis anstiegen, nur dem Umstand zu verdanken sind, daß ich das Geld verwahrte und ihm nur jeweils fünf Louis herausgab und nicht mehr. Sonst hätte er alles am ersten Tag schon in Baden verspielt . . .«

Aber diese Methode war kein Heilmittel, denn nicht immer war seine Frau mit ihm. Im Schweizer Spielkasino Saxon les Bains verlor er wieder alles und gestand ihr dann: »Meine Teure, ich bin schlechter als ein Tier. Gestern abend gegen zehn hatte ich 1300 Franken gewonnen. Heute habe ich nicht einen Sou. Ich habe alles, aber auch alles verloren.« Mehrere Jahre blieben sie im Ausland, wo zwei ihrer Kinder geboren wurden. Er hat in dieser Zeit immer auch geschrieben und Geld verdient, doch fiel ihm das sehr schwer: »Wie kann ich arbeiten«, schrieb der inzwischen 48jährige, »wenn ich hungrig bin und meine Hosen versetzen mußte . . .? Und sie, meine Frau, die jetzt ihr Baby stillt, sie mußte selbst zum Leihhaus gehen und ihr letztes warmes Wollkleid versetzen, und hier hat es die letzten beiden Tage geschneit . . .«

Zwei Jahre später, nach einer katastrophalen Verlustserie beim Roulette in Wiesbaden, schrieb er ihr: »Dies war tatsächlich das letzte Mal. Glaubst Du mir, Anna, daß meine Hände jetzt frei sind? Das Spielen war eine Kette für mich, aber jetzt werde ich an meine Arbeit denken und nicht mehr wie bisher endlose Nächte vom Spielen träumen.« Von da an hat er nie mehr gespielt.

Wer war's?

37. Charakterformung geschieht mit Hilfe des Körpers

Eigentlich sollte er Offizier werden. Doch verließ er schon früh die Kadettenschule. Er wollte lieber studieren, und zwar Philosophie und Geschichte. Er fühlte sich zum Erzieher berufen. Und eines Tages hatte er eine Idee, deren Verwirklichung ihm so wichtig erschien, daß er ihr sein ganzes Leben widmete.

Er stammte aus einer alten Familie, der ein Stadthaus, ein Schloß und ein Gut gehörte. Frühzeitig waren Reiten, Rudern und Fechten seine Leidenschaft. Und in seiner Geburtsstadt gründete er einen Fechtklub. Er war überzeugt: »Letztlich besteht der Mensch nicht nur aus Körper und Seele, er besteht aus Körper, Geist und Charakter; die Charakterformung geschieht nicht durch den Geist: sie geschieht mit Hilfe des Körpers.« Und er fügte hinzu: »Genau das wußten die Alten, während wir es mühsam wieder lernen.«

Er wurde nicht müde, seine Überzeugung immmer aufs neue zu vertreten und andere Menschen für sie zu gewinnen. Er wollte eine große Reform der Pädagogik herbeiführen; die Welt fordere einen neuen Menschen, meinte er, und dieser neue Mensch müsse durch eine neue Erziehung geprägt werden. Um seine Idee zu verbreiten und für sie die Massen zu gewinnen, hat er sehr viel publiziert. Es wird behauptet, er habe vierzigtausend Seiten geschrieben; eine Bibliographie umfaßt auf acht engbedruckten

Seiten die Titel von 226 Publikationen auf vielen Gebieten.

In einem Buch heißt es über ihn: »Es gilt, den ganzen Reichtum dieser Persönlichkeit zu überschauen, um sich den Erfolg des Wirkens erklären zu können. Zu diesem Reichtum das Wissen, zu dieser umfassenden Bildung, zu den glänzenden Eigenschaften seines Geistes, zu seiner Beredsamkeit kam noch ein gut Stück — sagen wir: Advokatenschläue. Er war ein Meister der Menschenbehandlung, ein überlegener Meister, dem die Waffe des Pathos genauso zur Verfügung stand wie die der Ironie ... Er konnte herrlich boshaft sein. Er konnte bezaubern, gewinnen, anspornen, er konnte zujubeln und verstummen machen. Er war von einer ungeheuren Präsenz des Wissens, einem klaren, wohlgefächerten Gedächtnis ...«

Als er sein Ziel erreichte — genauer: ein Hauptziel auf dem Weg zur Realisierung seiner eigentlichen Idee —, war er 34 Jahre alt. Zwei Jahre zuvor, als er so gut wie sicher war, daß dieses Ziel erreicht werden würde, hatte er den Journalisten und Zeitungsverlegern gedankt, die dabei mitgeholfen hatten: »Wir sind Rebellen«, sagte er in einer Rede, »und aus diesem Grunde hat auch die Presse, die wohltätige Revolutionen zu allen Zeiten unterstützt, begriffen und ist uns zu Hilfe gekommen, wofür ich ihr von ganzem Herzen danken möchte.«

Als seine Idee immer mehr Anerkennung fand und schließlich verwirklicht wurde, eine Idee, über die heute wieder viel geredet und geschrieben wird, da wurde ihm klar, daß nicht alles so geworden war, wie er es eigentlich gewollt hatte. Nach seinem Geschmack war zuviel Rummel entstanden, und er forderte »weniger Lärm, weniger Reklame, weniger Organisation«. Doch hatte er mit dieser Forderung keinen Erfolg.

Die letzten zwölf Jahre seines Lebens hat er an der weiteren Ausführung seiner Idee nicht mehr aktiv teilgenommen. Im Alter von 75 Jahren starb er, während eines Spazierganges durch einen Park, auf einer Bank. Sein Herz wurde dort beigesetzt, wo seine Idee schon einmal, lange Zeit vor ihm, verwirklicht worden war.

Wer war's?

38. Unfähig, sich in der Welt durchzusetzen

Finanziell hat er es zu nichts gebracht; er gehörte zu den Verträumten, den Introvertierten. Schon vor seinen Lehrern — zunächst auf einer protestantischen Klosterschule, dann auf einem berühmten Stift — hat er nicht geglänzt. Die Zeugnisse lassen erkennen, daß man seine Auffassungsgabe für gering, sein Urteilsvermögen für konfus hielt und daß er seine Lehrer weder im Hebräischen noch in Exegetik oder Dogmatik zufriedenstellte. Und eine Probepredigt brachte dem späteren Pfarrer diese Beurteilung ein: »Seine Predigt war mittelmäßig disponiert, unangemessen ausgeführt, unangenehm vorgetragen.«
Seltsamerweise schienen ihm solche Beurteilungen und Zensuren nichts ausgemacht zu haben. Äußerlich unbeeindruckt nahm er sie hin, so wie auch die häufigen Ermahnungen und Arreststrafen wegen Verspätungen, Herumtreibens, ungehöriger Bekleidung, verbotenen Rauchens in der Öffentlichkeit; von den Zöglingen seines Jahrgangs war er der meistbestrafte.
Vielleicht berührte ihn dies alles deswegen so wenig, weil er eigentlich in einer anderen Welt lebte, in einem Traumland, das er sich zusammen mit einem Freund erdacht hatte. Es war das Paradies, war Arkadien, war das Goldene Zeitalter, war Möglichkeit der Zuflucht vor Zwang, Anspruch, ständiger Gefährdung.

Seine Empfindlichkeit gegenüber der Welt, sein Versuch, sich vor allen äußeren Einflüssen abzuschirmen, blieben nicht verborgen. Schon der Knabe, der nach dem frühen Tod des Vaters im Hause eines Onkels aufwuchs, war nur glücklich, wenn er sich in eine dämmerige Kammer, in eine Höhle oder einen Verschlag unter dem Dachboden zurückziehen konnte.

Nicht nur der Knabe, nicht nur der Jüngling, auch der Mann zog sich vor der Welt zurück, vor einer Welt, die sich zunehmend auf den Erfolg hin orientierte, die lauter und vulgärer wurde: »Wie von entlegenen Sternenkreisen fallen die Töne aus silbernen Posaunen, eiskalt, Mark und Seele durchschneidend, herunter durch die blaue Nacht . . .« Konnte ein solcher Mann erfolgreich sein, erfolgreich im alltäglichen Sinn? Er studierte (weil es das billigste war und er dabei vom Staat unterstützt wurde) Theologie. Einmal begehrte er auf: »Alles, nur kein Geistlicher!« Er wagte sogar einen Ausbruch aus der vorgegebenen Bahn und übernahm die Redaktion einer Frauenzeitschrift, aber nur allzubald erschien ihm das »journalistische Hackselschneiden« noch schlimmer als das theologische, und er kehrte enttäuscht auf den alten Weg zurück. Und schließlich saß er in einem für sein Schutzbedürfnis viel zu großen Pfarrhaus, in dem er seine Gesundheit für gefährdet hielt, so daß er die wenigen Pflichten seines Berufes bald nicht mehr erfüllen zu können meinte und sich, noch nicht vierzig Jahre alt, pensionieren ließ.

Als Freunde ihm die Möglichkeit verschafften, Mitglied der Tafelrunde des Königs von Bayern zu werden (was seine kärgliche Pension durch ein kleines Ehrengehalt verbessert hätte), winkte er ab, weil ihm die einmal im Jahr erforderliche Teilnahme an der Runde zu beschwerlich schien: »Wenn Sie wüßten, welchen Entschluß es mich schon kostet, einer Gesellschaft zuliebe in einen anderen Rock zu schlüpfen!« schrieb er.

Lieber blieb er in seinen dürftigen Verhältnissen, zusammen mit seiner Schwester, die ihm den Haushalt führte, nachdem seine spät geschlossene Ehe mit Scheidung geendet hatte. Zu seinem Ruhegehalt, das zum Leben kaum reichte, verdiente er durch Lehrtätigkeit an einem Mädchenpensionat das Nötigste hinzu. Er hat sich in seinen Verhältnissen nicht etwa wohl gefühlt; er war einfach unfähig, sich in der Welt durchzusetzen.

Als er — kurze Zeit nach seinem siebzigsten Geburtstag — starb, da war nur wenigen bekannt, was dieser Hypochonder aus — wie er selber einmal bekannt hatte — »dem unglaublich verzärtelten Gang« seines »inneren Wesens« heraus geschaffen hatte.

Wer war's?

144

39. Als er aus der Kirche kam, wurde er erschossen

Es sieht nicht so aus, als ob er jemals beliebt gewesen wäre. Zwar hielten viele ihn für gutmütig und hilfsbereit, aber das waren Menschen, die ihn nur aus weiter Entfernung kannten und ihm zwar ihre Stimme gaben, aber nicht mit ihm arbeiten mußten. Von denen, die ihn persönlich kannten, scheint er den meisten unsympathisch gewesen zu sein.

Er war ein Schlitzohr, meint Theodor Eschenburg, einer seiner wenigen Biographen: »Machiavelli wird er kaum gelesen haben, aber er war ein vulgärer Machiavellist des Parlamentarismus.« In den Memoiren seiner Zeitgenossen wird er immer wieder als »vielgeschäftig«, »flink«, »pfiffig« dargestellt, als »Spießergestalt« und mit einem »klobigen Dialekt«. Aber es wird auch deutlich, daß er kämpfen und sich durchsetzen konnte, zum Beispiel — wie einer beschreibt — als er einmal in seinem Abgeordnetenhaus auf einen persönlichen Angriff reagierte:

»Ich stand unmittelbar hinter ihm an der Rednertribüne, sah seine schlecht gemachten, platten Stiefel, seine drolligen Hosen, die über Korkzieherfalten in einem Vollmondhintern münden, seine breiten, untersetzten Bauernschultern, den ganzen fetten, schwitzenden, unsympathischen, kleinbürgerlichen Kerl in nächster Nähe vor mir: jede ungelenke Bewegung des klobigen Körpers, jeden Farbenwechsel in den dicken, prallen Wangen, jeden Schweißtropfen auf der fettigen Stirn. Aber allmählich wuchs aus dieser drolligen, schlecht sprechenden, ungeschickten Gestalt die furchtbarste Anklage empor; die schlecht gemachten, schlecht gesprochenen Sätze brachten Tatsache auf Tatsache, schlossen sich zu Reihen und Bataillonen zusammen, fielen wie Keulenschläge auf die Rechte, die ganz blaß und in sich zusammengeduckt und immer kleiner und isolierter in ihrer Ecke saß.«

Daß er auf viele so wenig sympathisch wirkte, machte es jenen leicht, die ihn verleumdeten, ihn als Erzbösewicht, als Schädling der Nation hinstellten. Zwar hatte er wirklich — was ihm immer wieder vorgeworfen wurde — ein für sein Land und sein Volk schmachvolles Dokument unterschrieben, aber er hatte es ja nicht auf eigene Faust getan, sondern im Auftrag anderer. Sie aber schwiegen, um ihren eigenen Ruf nicht zu gefährden. Sein Ansehen jedoch war von da an stark angeschlagen.

Das wirkte sich aus, als er sich gerichtlich gegen eine ganze Serie von Verleumdungen wehren mußte, die ein alter Gegner in einer Zeitung gegen ihn vorgebracht hatte.

Da der Prozeß für ihn nicht gut ausging, trat er von seinem Posten zurück, doch war das nicht Resignation. Überzeugt von seiner Unschuld, kämpfte er weiter für seine Rehabilitierung. Als er dabei erste Erfolge hatte, entschied eine nationale Geheimorganisation, daß er liquidiert werden müsse. Zwei ihrer Mitglieder, ehemalige Offiziere, erhielten den mit Schreibmaschine geschriebenen Befehl: »Gemäß der in der Leitung stattgefundenen Auslosung wurden Sie ... dazu bestimmt, den ... Minister

146

a. D. . . . zu beseitigen. Die Art der Ausführung ist Ihnen überlassen. Vollzugsmeldung ist nicht zu erstatten.« In einem Ferienort, wo er sich mit seiner Frau und einer Tochter zur Erholung aufhielt, erschossen sie den 46jährigen auf offener Straße, als er nach dem Besuch der Kirche einen Spaziergang machte.

Heute ist er fast vergessen — zu Unrecht. Er war — so Eschenburg — »der leidenschaftliche und beharrliche Schrittmacher des Parlamentarismus in einem antiparlamentarischen Verfassungssystem«. Und »eine der wenigen Märtyrergestalten in der deutschen Geschichte vor der Hitlerdiktatur«.

Wer war's?

40. Sie wollte frei und glücklich sein

Sie hatte die Ehe mit ihm nicht gewollt. Aber, so meinte die Zwanzigjährige in einem Brief an ihre Mutter, sie hatte ihn nicht deutlich genug abgewiesen: »Seit drei Jahren habe ich entweder es so leichtsinnig hingehen lassen, ohne darüber zu grübeln, oder mich mit der Hoffnung getäuscht, es würde schon endlich sich lösen oder durch irgendeinen Zufall gänzlich aufgehoben werden . . .«
Daß sie diese Bindung, aus der sie nun eine eheliche Verbindung werden sah, in diesem ganzen Brief immer nur mit dem Neutrum »es« bezeichnete, verrät noch heute ihr Bestreben, diese Ehe zu neutralisieren. Offenbar hatte sie überhaupt keine Hoffnung, daß die Verbindung für sie positiv sein könnte: »Daß es nicht bestehen sollte, sagt mir meine Vernunft . . . Daß es für mich durchaus von keinem günstigen Einfluß ist und sein kann, bedarf wohl keiner Frage: Er steht nicht hoch genug über mir, um daß es vielleicht vorteilhaft auf mich wirken und mich zu etwas erheben könnte.«
Ein Jahr nach diesem Brief war sie mit ihm verheiratet. Die Ehe, aus der drei Kinder hervorgingen, wurde für beide unglücklich. Dabei war nicht so sehr entscheidend, daß sie nicht kochen konnte und stets zuviel Geld ausgab; das fiel nicht ins Gewicht, weil sie im Haus seines Vaters wohnten, in dem es Hausangestellte und auch eine Köchin gab. Mit dem Vater verstand sie sich gut. Später ist sogar

148

behauptet worden, sie habe sich eigentlich dem Vater vermählt, dem Berühmten, den sie in der Tat verehrte, und nicht dem Sohn, der dabei nur der unglückliche Dritte gewesen sei.

Sie war ihrem Mann geistig überlegen, war phantasievoll, sprachbegabt, musikalisch. Er war, verglichen mit ihr, schwerfällig, plump, ordentlich bis zur Pedanterie. So unterschieden sie sich auch äußerlich. Von ihm hieß es, er »wird ganz stark«, und — ein Jahr darauf — er werde »täglich dicker und wohlgefälliger«. Und wieder ein Jahr später: »beinahe zu dick«; »er wird so dick, daß alle Spur der Ähnlichkeit mit dem Vater, die in den Zügen lag, verschmolzen wird, da die Augen kleiner werden«. Von ihr hieß es: »Die Frau ist mager und unruhig.« Schon nach dem ersten Ehejahr dachte sie an Scheidung. Der Gedanke blieb immer bestehen, aber eigentlich nur als theoretische Möglichkeit. Ihre Mutter riet ihr, noch zwei Jahre auszuhalten; dann sei inzwischen wohl der Schwiegervater gestorben, so daß ihm der Kummer erspart bliebe, den ihm ihre Scheidung von seinem einzigen Sohn bereiten würde. Dankbar antwortete die Tochter: »Ich bin fester entschlossen wie je, so lange nur noch ein Atom von Kraft in mir ist, mich nicht scheiden zu lassen; aber dennoch danke ich Dir, daß Du Mitleid genug hast, um nicht gleich zu sagen: ›Du darfst nicht daran denken‹, daß Du nicht kalt und unbarmherzig dadurch das Unglück eines langen Lebens bestimmst.«

Von Scheidung war dann ernsthaft nicht mehr die Rede. Aber zeitweise wich sie aus, indem sie in

Freundschaften mit anderen Männern, sogar in Liebesverhältnisse, flüchtete. Das gleiche tat er. Und überdies gewöhnte er sich ans Trinken. Nach 13 Jahren Ehe ergab sich für beide ein Lichtblick, indem er eine für längere Zeit geplante Auslandsreise antrat. Zum erstenmal im Leben, so schrieb der inzwischen Vierzigjährige einem Freund, fühlte er sich frei — frei auch und vor allem von seinem Vater.

Auch sie fühlte sich frei, und sie hoffte, ihren Mann für lange Zeit nicht zu sehen. Sie sollte ihn überhaupt nicht mehr wiedersehen. Denn er starb auf der Reise. Eine Freundin schrieb ihr: »Du suchtest Freiheit, und Du hast sie: unverschuldet und unertrotzt.« Und die Freundin meinte, daß nun das ganze Land auf sie blickte und sie eine einzige große Verpflichtung habe, nämlich: »des Vaters letzte Tage verschönen«. Sie aber sah das anders. Sie wollte frei und glücklich sein.

Ihren Mann überlebte sie um mehr als vier Jahrzehnte. Im Alter erinnerte sie sich am liebsten an ihren Schwiegervater: »Was für ein Mann war mein Papa, er allein war großartig, gut, sorgend wie eine Frau, helfend und fördernd.«

Wer war's?

150

41. Als Knabe wollte er
am liebsten Weihbischof werden

Eines Abends hatte seine ältere Schwester eine Zinkbadewanne in die Küche gestellt und mit Wasser gefüllt. Die Mutter werde ihn am nächsten Tag mit nach Trier nehmen, wo sie beim Bauernverein vorzusprechen habe, erklärte ihm die Schwester. Deswegen müsse er nun geschrubbt werden; denn wenn man in die Stadt reise, müsse man festtäglich aussehen.

Er war acht Jahre alt, und die Welt bestand für ihn in der Erinnerung an die ersten Kindheitsjahre in der väterlichen Mühle und dann in jenem Moseldorf, wo der Vater einen Bauernhof erworben hatte, nachdem er die Mühle hatte aufgeben müssen. Der Bach, der die Mühle antrieb, sollte aufgestaut werden, um ein Elektrizitätswerk zu speisen.

»Die Mühle mahlt den Müller mit«, klagte der Vater, und er sei im Grunde froh gewesen, daß die Stadt die Talsperre gebaut und ihm »sein Wasser abgekauft« hatte und er nun Bauer sein konnte. Eigentlich hatte der Vater am liebsten Priester werden wollen, doch hatte dessen Vater darauf bestanden, daß er die Mühle übernahm. Später übertrug er diesen Wunsch auf seinen Jüngsten, wie dieser es in einem autobiographischen Roman dargestellt hat:

»Er begann mir von Johannes dem Täufer zu erzählen, wie alt seine Eltern gewesen wären, als er auf die Welt kam, und wie seine Eltern ihn Gott versprochen hätten. Seit der Zeit täten viele Eltern den

Ältesten, manchmal auch den Jüngsten, Gott versprechen. So hätten denn auch Mutter und er dasselbe getan. Zwar wär's, als Mutter mich trug, noch ungewiß gewesen, ob ich ein Junge oder Mädchen sei. Aber wenn es ein Junge wär, so hätten sie gesagt, sollte er Priester werden« — freilich nur dann, hatte der Vater eingeschränkt, wenn er, der Sohn, dies auch wolle.

Der Sohn stellte sich von da an vor, eines Tages Bischof zu sein. Und nun, da der Achtjährige mit der Mutter zum erstenmal nach Trier fuhr und dabei auch den Dom besuchte, wo die beiden beim Weihbischof, dem Koadjutor des Bischofs, beichteten, wurde die Vorstellung zu einem festen, allerdings kindlichen Wunsch:

»Ich sah ein, daß ich richtig gewählt hatte, wenn ich Bischof werden wollte; und nun wollte ich sogar Weihbischof werden. Ein Weihbischof, so nahm ich an, das sei noch mehr als ein Bischof. Ich verriet Mutter, als wir vor einem Altar in einer Seitenkapelle saßen und unser Butterbrot verzehrten, nichts von meinem großen Entschluß. Sie hätte mich am Ende noch getadelt und gesagt, daß ich zu hoch hinaus wollte. Aber war der Kardinal Nikolaus Krebs aus Cues, von dem sie mir so oft erzählten, nicht auch ein Junge aus einfachem Hause gewesen? Und der Abt Tritthemius stammte nicht einmal, wie sein Name sagte, aus Trittenheim, sondern aus dem kleinen Heidenburg hinter unserer Mühle, und um studieren zu können, mußte er sogar wie der Nikolaus Krebs von zu Hause fortlaufen. Das brauchte ich ja nicht, das Geld zum Studium war

da, das hatte mir der Vater des öfteren in freund-
lichen Andeutungen versichert.«

Er war nun auch bereit, die Nachteile seiner Berufswahl hinzunehmen, zum Beispiel den Verzicht auf
seine Freundin Kätta: »In dieser Domluft schien
mir das gar nicht so schlimm zu sein. Der durch
tausend Jahre in diesen hohen Gewölben ver-
brannte Weihrauch hing an den Steinen, am Holz,
und die Luft, die hereinkam, wurde sofort kirchlich,
fromm und ernst und seltsam süß und feierlich. Die
Heiligen auf den Altären hatten einen Ausdruck in
den Augen, der dieser Weihrauchluft entsprach. Sie
sagten: ›Was ist Kätta im Vergleich zu uns! Das einzig Wertvolle am Menschen ist seine sterbliche
Seele.‹«

Nur wenig später starb sein Vater. Der Tod war
nicht überraschend gekommen. Schon seit Jahren
war der Vater herzkrank gewesen, er hatte sich auf
den Tod vorbereitet. Und von Zeit zu Zeit hatte er
mit seinem Jüngsten über Leben und Tod gesprochen und hatte ihm erklärt, daß der Tod nur die Tür
zu jenem anderen Leben sei, das der Mensch beginne, wenn ihm dieses Leben zu ertragen erlassen
würde.

»Und er sagte zu mir«, schrieb der Sohn später in
seinen romanhaften Jugenderinnerungen, »daß ich,
wenn ich eines Tages in einem kleinen Dorf in der
Eifel oder auf dem Hunsrück Pastor wär, den Leuten die Angst vor dieser Tür nehmen müßt. Und ich
dürft nicht den Herrn spielen und den Gelehrten,
sondern sollt nahe bei den armen, kleinen Leuten
leben, sie zu verstehen versuchen und ihre guten

153

Eigenschaften entdecken. Und ich dürft nicht nur auf der Kanzel und im Beichtstuhl ihr Hirt und Helfer sein, sondern ebenso im Alltag. Ich müßt sehen, daß die Kinder sauber gewaschen und gekleidet gingen. Und ich müßt etwas von Kühen verstehen und den Schweinen und überhaupt von der Landwirtschaft, dann hätten die Leute erst richtig Vertrauen zu mir. Ich hätte eben der Vater der Gemeinde zu sein. Und deshalb könnt solch ein Mann nicht selber Vater sein und eigene Kinder aufziehn.«

Im engeren, wörtlichen Sinn hat er dies alles dann doch nicht erfüllt, wohl aber auf eine viel weiter wirkende Weise. Zwar verließ er bald nach dem Tod des Vaters das heimatliche Dorf, um sich in einer Klosterschule auf das Studium der Theologie vorzubereiten, aber Priester ist er dann doch nicht geworden. Er studierte Germanistik, machte größere Reisen nach Italien (wo er sich später mit seiner Familie für ein Dutzend Jahre niederließ), nach Ägypten und Griechenland, und schließlich gewann er als Erzähler jene Gemeinde, die der Vater dem Priester gewünscht hatte. Nur war sie, als er im 65. Lebensjahr starb, unendlich viel größer.

Wer war's?

42. Er meinte, sogar den Papst schmieren zu können

Er galt als robust, rücksichtslos, als einer, der über Leichen geht. Aber er litt unter einer kleinen, eigentlich kaum bedeutenden Behinderung des kleinen Fingers seiner rechten Hand: Er konnte ihn nicht strecken; der Finger war immer gekrümmt. Stets hat er darauf geachtet, daß dieser Schönheitsfehler, von dem unbekannt ist, ob er angeboren oder erst später entstanden war, auf Photographien nicht erkennbar wurde. Wenn er jemandem die Hand gab, krümmte er auch den Ringfinger, so daß er also nur Zeige- und Mittelfinger gab, was allenfalls zu einer Andeutung von Händedruck führen konnte.

Mit zunehmendem Alter — wobei das Wort Alter kaum angebracht ist, da er mit 48 starb — störte ihn noch etwas anderes. Das war seine Nase, die immer deutlicher eine ausgesprochen semitische Form annahm. Darauf anspielend sagte seine Schwester einmal zu einer Freundin: »Es besteht gar kein Zweifel, daß wir jüdisches Blut haben, und er weiß das genausogut wie ich, aber er zieht es vor, es für römisch zu halten.« In seinen späteren Lebensjahren hat er nie erlaubt, daß man ihn im Profil malte oder photographierte.

Zu der Zeit war er der mächtigste Mann jenes Landes, in das er als 16jähriger von seinem Vater geschickt worden war, weil er eine Tuberkulose hatte und der Vater meinte, das südliche Klima werde ihm guttun. Innerhalb von drei Jahren hatte er dort ein Vermögen gemacht, und zwar mit Diamanten. Noch bevor er die Dreißig erreichte, war er Millionär. Zwischendurch war er nach Oxford gegangen, weil er meinte, daß er eine Universitätsausbildung brauche, um einen »achtbaren« Beruf ausüben zu können. Er hat sich in Oxford nicht wohl gefühlt, er fand dort keinen Anschluß. Er war einfach nicht der Typ für Oxford. Er war — so sagt es Peter de Mendelssohn, der ihn zu den menschlich Großen dieser Welt zählt — »ein ausgesprochener Einzelgänger, der seine wenigen Freunde in Oxford in Verlegenheit setzte, wenn er ganz schamlos von der Macht und dem Prestige des Geldes sprach. ›Ich habe mich selbst nach Oxford geschickt‹, pflegte er zu sagen. In Oxford galt jedoch die Einstellung, daß Geld etwas sei, was man einfach hatte, worüber man aber gehörigerweise nicht sprach.«

Er sprach sehr oft über Geld. Er war überzeugt, daß er für Geld alles kaufen könne. Auch Menschen. Immer ging er davon aus, daß alle Menschen korrupt sind. Er sprach dabei nicht von kaufen, sondern von schmieren. Und er meinte — was er auch in aller Öffentlichkeit sagte —, sogar den Papst schmieren zu können. Daß er mit 28 Jahren (inzwischen aus Oxford längst wieder in jenem Land, das später nach ihm benannt wurde) Parlamentsabgeordneter wurde, war auch seinem geschickten Einsatz von Schmiergeldern zu verdanken.

Bei alledem ging es ihm nicht eigentlich um persönliche Macht, sondern darum, etwas Sinnvolles zu schaffen und damit sein Vaterland zu stärken. Manchmal gelangen ihm vorbildliche Aktionen.

Zum Beispiel importierte er in sein Land große Massen von Marienkäfern und rettete damit die Orangenplantagen vor der Vernichtung durch Blattläuse. Und die Weinstöcke erhielt er, indem er ihnen amerikanische Sorten aufpfropfen ließ, die gegen die Reblaus unempfindlich waren. Einen seiner Lieblingsträume hat er nicht mehr verwirklicht: eine Eisenbahnlinie durch den ganzen Kontinent.

Nicht erst heute ist er umstritten. Er war es schon zu seiner Zeit, als Politiker und als Mensch. Nicht zuletzt deswegen, weil er sich nicht für Frauen interessierte.

Wer war's?

43. Obgleich er nur Gutes wollte, galt er bald als Tyrann

Er war erst 18 Jahre alt und noch nicht volljährig, als er König wurde. Aber nicht in seinem Land wurde er König; dort herrschte sein Vater, und als dessen Nachfolger war sein älterer Bruder vorgesehen. Er wurde König eines Volkes, mit dem er zunächst nicht mehr zu tun hatte, als daß sein Vater dieses Volk und vor allem dessen alte, aber längst vergangene Kultur sehr liebte. Er, der Sohn, sprach recht gut französisch und italienisch, jedoch nicht die Sprache jenes Volkes, das er regieren sollte.

Dieses Volk hatte sich in aufopfernden Kämpfen aus einer jahrhundertelangen Fremdherrschaft befreit. Dabei war nahezu ein Drittel der Bevölkerung umgekommen; viele Städte waren weitgehend zerstört, die Felder verwüstet, ganze Dörfer verödet. Seuchen, Hunger, Armut, Räuberbanden, Privatfehden rivalisierender Familien, Blutrache und Korruption hatten das Land an den Rand des Ruins gebracht. Die Lage war katastrophal, als er – oder, weil er noch minderjährig war, anfangs ein Regentschaftsrat – die Regierung übernahm.

Nach einer stürmischen Überfahrt, die von vielen als böses Omen gedeutet wurde, erreichte er im Januar die provisorische Hauptstadt seines Landes. Von einem (heute von vielen Touristen besuchten) Fort begrüßten ihn 21 Kanonenschüsse. In einem Brief nach Hause schrieb er später: »Eine große Menschenmenge begrüßte mich unter den lebhaftesten Gebärden mit einem lauten Jubelruf und emporgeschwungenen Lorbeerzweigen. Viele Reiter waren bis an die Hälfte des Pferdes, viele Fußgänger bis unter die Arme in das Meer mir entgegengewatet.« Unter den Rufen »Es lebe der König« hatte er das Land betreten.

In den folgenden Jahren hat er nach besten Kräften versucht, dem Land aus seiner Misere herauszuhelfen. Doch wurden dabei nicht nur von ihm, sondern mehr noch von seinem Regentschaftsrat und von dem ganzen Beamtenstaat, der aus seiner Heimat mit ihm ins Land kam, um dort alles zu reformieren, viele zum Teil nicht wiedergutzumachende Fehler gemacht. So wurden zum Beispiel sehr viele Klöster aufgelöst; von 400 blieben nur 82 bestehen. Diese radikale Säkularisation war insofern ein Fehler, als gerade die Kirche jenes Landes im voraufgegangenen Freiheitskampf eine führende Rolle gespielt hatte. Nicht einmal jene, gegen die sich der Freiheitskampf gerichtet hatte, waren gegen die kirchlichen Einrichtungen vorgegangen. So kam es, daß der neue König und seine Regierung bald als Tyrannen empfunden wurden.

Seine Stellung im Land wurde zunehmend schwieriger. Sie besserte sich auch nicht, nachdem er unter Druck einer Verfassung zugestimmt hatte. Auch gutgemeinte Reformen brachten keinen wirtschaftlichen Aufschwung. Die Darlehen, die ihm von anderen Mächten, insbesondere von seinem Vater, gegeben worden waren, konnte er nicht zurückzahlen. Ja, nicht einmal die Zinsen konnte er aufbringen. Die Schuldenlast wuchs, und mit ihr wuchs die Unzufriedenheit der Bevölkerung. Dabei waren er und seine junge Frau ständig bemüht, die Menschen dort für sich zu gewinnen.

Freilich war er den schwierigen Anforderungen nicht gewachsen, aber es ist fraglich, ob ein anderer es gewesen wäre. Wahrscheinlich war die Situation schon von jenem Augenblick an verfahren, als die Großmächte übereingekommen waren, diesem Land (oder, um genau zu sein, einem Teil dieses Landes) einen König zu geben, der — das war eine entscheidende Vorbedingung gewesen — einem kleineren Staat, nicht aber einer Großmacht ange-hörte.

Trotz aller Schwierigkeiten hielt er sich fast dreißig Jahre auf dem Thron. Dann kam es zu einer Militärrevolte, während er mit seiner Frau entfernte Provinzen des Landes besuchte. Er dankte ab und verließ mit seiner Frau — Kinder hatten sie nicht — das Land, dem sie beide — so schrieb sie in einem Brief — immer noch wünschten, es möge »ebenso glücklich werden, wie wir beide es ihm wünschten und wie wir es glücklich zu machen versuchten«.

Fünf Jahre nach seiner Abdankung ist er in Bamberg im Alter von 52 Jahren gestorben.

Wer war's?

44. Er erkannte darin den Abschied von der Menschlichkeit

Er war fast zwei Meter groß, genau 198 Zentimeter. Lange Zeit empfand er es als problematisch, fast alle Menschen, mit denen er zu tun hatte, auch seine Eltern und Geschwister, um Kopfeslänge zu überragen. Aber er gewöhnte sich daran ebenso wie an die zu kleinen Betten, insbesondere in Schlafwagen und Schiffskabinen; sie hielten ihn jedenfalls nicht davon ab, viele und weite Reisen zu machen. Er war geradezu versessen darauf, die Welt kennenzulernen und alles, was er sah, ausführlich und möglichst genau zu beschreiben. Es war zugleich der Versuch, sich aus seiner eigenen Umwelt zu befreien.

Er war das achte Kind eines Steinmetzen, der Grabsteine herstellte, und dessen Frau, die neben der großen Familie noch Pensionsgäste versorgte, um die Einkünfte des Mannes zu verbessern. Es war kein Familienidyll, in dem er heranwuchs, eher eine kleine Welt voller Spannungen, Kränkungen, Gehässigkeiten, aber nicht ohne Liebe — eine Welt, der er sein Leben lang auf eine tiefe Weise verbunden blieb. Und ganz besonders blieb er seiner Mutter verbunden, die diese kleine Welt in ihrer herben, vitalen, egozentrischen Weise zu beherrschen versuchte. Von unterwegs schrieb er ihr viele, oft lange Briefe, in denen er berichtete, was er gesehen und erlebt hatte. Zum Beispiel schrieb der Vierunddreißigjährige aus Berlin:

»Heute muß ich meinen Verleger aufsuchen, um den Vertrag für das neue Buch zu unterschreiben und, wenn möglich, etwas Geld von ihm zu bekommen. Sein Vertrag ist nicht so gut wie der erste – 600 Mark Vorschuß anstatt 1000 und $7^{1}/_{2}$ Prozent anstatt zehn Prozent Vergütung; aber er sagt, die Zeiten seien schwer ... und das Verlagsgeschäft zur Zeit in Deutschland so schlecht, die Druckkosten für mein Buch so groß, daß dies das Höchste ist, was er bieten kann; so sieht es aus, als müßte ich darauf eingehen. Besser etwas bekommen als gar nichts – es ist fast unmöglich, heute Geld aus Deutschland herauszubekommen, es besteht ein Gesetz, das verbietet, es mit hinauszunehmen oder zu schicken; der Verleger sagt, es gäbe einen Weg, mir meine Honoraranteile zu schicken, er wäre aber so kompliziert und unsicher, daß, wenn ich heute 600 Mark bekommen kann, ich sie nehmen und hier auszugeben versuchen werde ...«

Trotz jener schlechten Zeiten gefiel es ihm in Deutschland recht gut, das er acht Jahre zuvor schon einmal besucht hatte. Im folgenden Jahr kam er ein drittes Mal nach Deutschland, auch wieder nach Berlin, wo gerade eine große, internationale Veranstaltung stattfand. Er fand in Deutschland mehr Anerkennung als in seiner Heimat. Aber er übersah nicht, wie sehr die Atmosphäre zu jener Zeit in Deutschland bereits vergiftet war. Und er beschrieb die Verhaftung eines Mitreisenden, eines Juden, aus dem Eisenbahnzug heraus, an der Grenze, und die Hilflosigkeit der im Abteil zurückbleibenden Fahrgäste.

162

»Scham und ein unbestimmtes Schuldgefühl erfüllten sie. Alle empfanden dasselbe: Dies war ein Abschied, ein Abschied nicht nur von einem Menschen, sondern von der Menschlichkeit; ein Abschied nicht nur von irgendeinem rührenden Fremden, von einer zufälligen Reisebekanntschaft, sondern ein Abschied von der ganzen Menschheit. Nicht eine namenlose Null des Lebens blieb dort zurück — jenes entschwindende Bild war das Antlitz des Bruders.«

Er verstand, was hier begann, als Teil einer weltweiten Geschichte der Unmenschlichkeit. Wie weit sie noch gehen sollte, hat er nicht mehr erlebt. Zwei Jahre später schrieb er einem Freund: »Ich schreibe dies heimlich, denn die Ärzte haben es verboten, aber ich habe einen Wink bekommen . . ., ich habe den dunklen Mann ganz von nahem gesehen und glaube, daß ich mich nicht allzusehr vor ihm gefürchtet habe, aber noch haftet so viel Sterbliches an mir — ich wünschte mir so verzweifelt zu leben . . . Wenn ich wieder auf die Beine und hier hinaus komme, wird es noch Monate dauern, bis ich an die Rückreise denken kann, aber wenn ich wieder auf die Beine komme, werde ich zurückkommen . . .«

Aber es gab für ihn keinen Weg zurück. Wenig später ist er, nachdem er in einem Krankenhaus zweimal operiert worden war, im Alter von 37 Jahren an den Folgen einer Gehirninfektion gestorben. Erst nach seinem Tode wurde er weltberühmt.

Wer war's?

45. Alle Andenken an den Verlobten mußte sie verbrennen

Sie war die Tochter eines Arztes, ältestes von zwölf Kindern. Den noch jungen Eltern erschien sie fast als Wunderkind; mit erst drei Jahren konnte sie lesen, mit fünf hatte sie die ganze Bibel durch, mit zwölf wurde sie vom Vater — so schrieb sie später — »im Scherz zu seinem Bibliothekar« ernannt.

Aber was dann werden sollte, war nicht leicht zu entscheiden; denn zu ihrer Zeit war es nicht üblich, Mädchen auf höhere Schulen oder gar auf Universitäten zu schicken. Ihre weitere Ausbildung wollte ein Schulrektor und Pastor, der an einer Geschichte der Philosophie arbeitete und durch sie berühmt werden sollte, übernehmen. Später erinnerte sie sich in einem Brief: »Mit 13 Jahren wollte der große Brucker meine Erziehung und Bildung meines Geistes besorgen. Ich bat meinen Vater auf Knien um die Einwilligung, aber er wollte nicht, und meine empfindungsvolle Mutter bereicherte nur mein Herz, in welches alle Geschäftigkeit meines Geistes übergetreten ist.«

Als sie dies schrieb, inzwischen vierzig Jahre alt, war sie längst verheiratet und hatte acht Kindern das Leben gegeben. Und längst war auch ein zweiter Versuch, ihr eine gelehrte Ausbildung zuteil werden zu lassen, gescheitert. Er war von ihrem ersten Verlobten ausgegangen, einem aus Bologna stammenden Arzt; mit dem Ziel, ihr vielleicht gar eine Universitätslaufbahn zu ermöglichen, hatte er

164

die Siebzehnjährige in Altertumswissenschaften unterrichtet, in Kunstgeschichte, auch in Mathematik, er hatte ihr, die fließend französisch sprach, Italienisch beigebracht und dafür gesorgt, daß sie auch im Klavierspiel und in Gesang ausgebildet wurde. Aber nach zwei Jahren war die Verlobung vom Vater gewaltsam aufgelöst worden, weil der Verlobte darauf bestand, daß Kinder aus dieser Ehe katholisch erzogen werden müßten.

Die Neunzehnjährige hatte — so wollte es der Vater — alle Andenken an den Verlobten verbrennen müssen, auch ihre Übungshefte. Und den Verlobungsring mußte sie mit Eisenstangen zerbrechen. Der Verlobte hatte ihr vorgeschlagen, sie zu entführen, sie aber unterwarf sich ganz dem Vater. Dabei ging sie über dessen Forderungen noch hinaus, indem sie fortan in ihrer Ausbildung auf alles verzichtete, was der Verlobte angeregt hatte: Gesang, Klavierspielen, Mathematik betrachtete sie von da an als Tabus, ja, sie sprach auch nicht mehr italienisch.

Eine zweite Verlobung — mit einem jüngeren Verwandten, der später als Dichter berühmt wurde — führte ebenfalls nicht zur Heirat. Erst als der Vater mehrere Jahre nach dem Tod der Mutter ein zweites Mal heiratete und seinen ältesten Töchtern nahelegte, ebenfalls zu heiraten, ging sie eine Ehe ein, und zwar mit einem zehn Jahre älteren Verwaltungsbeamten, einem sehr gebildeten Hof- und Staatsmann. An seiner Seite war sie nicht nur Hausfrau, sondern zugleich, ja vor allem, Gesellschaftsdame, die am höfischen Leben teilnehmen mußte. Sie tat dies gern, bedauerte allerdings, daß ihre Stellung es nicht erlaubte, alle ihre Kinder selber zu erziehen. Dafür gab es Personal, und ihre ältesten Töchter kamen nach Straßburg in eine Klosterschule.

In ihrer Ehe, die ein Vierteljahrhundert dauerte, bis zum Tod ihres Mannes, aber fand sie immer auch Zeit, sich weiterzubilden und ihrer Lieblingsbeschäftigung nachzugehen. Sie lernte Englisch, und von englischen Vorbildern beeinflußt, begann sie zu schreiben. Dies half ihr auch über jene Jahre hinwegzukommen, in denen es ihr und ihrem Mann, der seine einflußreiche und einträgliche Stellung eines Tages verlor, finanziell weniger gutging.

Nach dem Tode ihres Mannes reiste sie mehrmals ins Ausland. In ihren letzten Jahren hatte sie oft Geldsorgen. Was sie schrieb und veröffentlichte, zum größten Teil in ihrer Frauenzeitschrift, die sie nach der altrömischen Göttin der reifenden Früchte genannt hatte, brachte nicht genug, um auch ihren jüngeren Söhnen noch helfen zu können. In einem Brief bat die Zweiundsechzigjährige einen Freund, sich bei der Frau Landgräfin für sie zu verwenden: »...schreibe ich an den König von Preußen und bitte die gute Frau Landgräfin, die Bittschrift mit einer Fürbitte zu begleiten. Der König sprach mir gnädig von meinen Werken, und ich bitte um die einzige Gnade, 100 Exemplare von den zwei Jahrgängen der *Pomona* als zur Erziehung der Töchter geschriebenen Bücher von mir zu kaufen. Ich bin in Umständen voll Kummer, woraus der edelmütig bezahlte Preis dieser 100 Exemplare à fünf Taler das Exemplar zu sechs Bänden mich ziehen würde. Der König macht so viele Tausende glücklich, ist so gut ... Der Wert dieser 100 Exemplare ist 500 Taler, die mich auf immer von allen Vorwürfen meines Tochtermanns befreien und ... mich in den Stand setzen, meinem guten Carl die 100 Taler zu schikken, um die er bittet, meine arme, an dem Krebs an der Brust sterbende Schwester in Augsburg zu unterstützen ... O lieber Freund! ... bedauern Sie mich, und bitten Sie ... für mich ...«

Wer war's?

46. »Das ist das Leben.
    Rette sich, wer kann.«

Früh mußte er erfahren — was er als Achtzehnjähriger auf die Formel brachte —, »daß es im Leben immer nur um den furchtbaren Kampf der Menschen um Erwerb, um Sein oder Nichtsein« geht. Als er zehn Jahre alt war, verließ der Vater, ein Zuschneider, die Mutter und fünf Kinder wegen einer anderen Frau. Die unmittelbaren Folgen: »Es gab ein Tohuwabohu bei uns . . ., an den hinterlassenen Schulden hatte meine Mutter noch viele Jahre abzuzahlen. Wir Kinder natürlich sofort aus den höheren Schulen genommen und provisorisch zu einer kleinen Privatlehrerin geschickt.« Und was er daraus lernte: »Das ist das Leben. Rette sich, wer kann.«
Damit aber meinte er nicht, sich in einen Winkel zu verkriechen und irgendwo zu überleben. Sein Wunsch war vielmehr, sich »nach oben zu assimilieren«. Dies war nicht allein in seiner kleinbürgerlichen Herkunft und dem Scheitern der elterlichen Ehe begründet, sondern hatte einen tieferen Grund: »Ich hörte zu Hause . . ., meine Eltern wären jüdischer Abkunft und wir bildeten eine jüdische Familie. Viel mehr merkte ich innerhalb der Familie vom Judentum nicht. Draußen begegnete mir der Antisemitismus.«
Er hat lange gebraucht, sein Judentum anzunehmen. Zunächst hat er versucht, sich dagegen aufzulehnen, es zu unterdrücken, ja, zeitweise — und das

168

gehört zu den schwer erklärbaren Widersprüchen in seinem Leben, seinem Denken, auch in seiner umfangreichen literarischen und journalistischen Arbeit — gab er, der selber Jude war, sich sogar antisemitisch! Während seines Medizinstudiums hatte er sich mit rassenkundlichen Theorien beschäftigt. Und noch der Fünfzigjährige, der seine Nase als »charakteristisch stark, auch lang« beschrieb, als »die eines Juden«, fügte über sein Aussehen korrigierend hinzu: »Ethnologisch ist er kein reiner Typus. Es liegen nordische Akklimatisationseinflüsse vor, erkenntlich an dem Langschädel, der graublauen Augenfarbe und der Farbe der Kopfhaare, die angeblich in der Jugend flachsblond war und erst später nachdunkelte.«

In einer privaten Mitteilung äußerte er einmal: »Die verfluchten Juden mag ich nicht, man erlebt nur Enttäuschungen mit ihnen, sie sind ein verruchtes heilloses Volk . . ., was soll ich damit?« Als er dies schrieb, war er bereits im Exil, weil er in seiner Heimat als Jude nicht mehr sicher war. Zuvor allerdings hatte er öffentlich erklärt: »Ich will nicht vergessen: ich stamme von jüdischen Eltern.« Dennoch blieb er auf dem Boden einer falschen wissenschaftlichen Theorie; auch dies hat er — ebenfalls öffentlich — geschrieben: »Zwei bis drei jüdische Generationen ohne Druck produzieren völlig unschädliche Sprößlinge, die denen der Wirtsvölker in nichts nachgeben. Ergo: man lasse die Juden im Westen reich werden und sie werden bald ausgerottet sein.«

Er mochte allerdings auch die anderen nicht, die

Kollegen zum Beispiel; einem Freund schrieb er: »Wer soll diese Gesellschaft in der Nähe aushalten. Sie ist grausig; Kleinbürger, die sich gegenseitig beklatschen, Geschwätz untereinander her tragen. Du weißt, daß das Furchtbarste die Gesinnungsschnüffelei ist. Das findet man hier aufs Schönste rechts und links; wie soll ich mit meiner Frivolität und Leichtigkeit das aushalten.«

Auch im Exil fühlte er sich nicht wohl. Er war zunächst in die Schweiz gegangen, dann nach Frankreich, sprach aber nicht französisch. »Von vornherein fühlte er sich infolge ungenügender Sprachkenntnisse französischen Partnern gegenüber unter dem eigenen Niveau, verkrümelte sich, schwieg«, berichtete ein Beobachter. Auch Englisch konnte er nicht. Über eine Begegnung mit Joyce berichtet er selber: »Wir sahen uns an und schwiegen.« Mit seiner Frau und dem jüngsten Sohn ging er dann in die Vereinigten Staaten, wo er von einer winzigen Arbeitslosenunterstützung lebte.

Zurückgekehrt in die Heimat, blieb der einst so Erfolgreiche auch da völlig isoliert und setzte sich zwischen alle Stühle. Bevor er das Land noch einmal verließ, schrieb er an Theodor Heuss: »Es wurde keine Rückkehr . . ., ich bin in diesem Land, in dem ich und meine Eltern geboren sind, überflüssig.«

Wer war's?

47. Eine gute Basis,
   mit dem Altern fertig zu werden

45 Jahre lang hatte er geforscht und gelehrt, als er aus privaten Gründen zum erstenmal eine Vorlesung ausfallen ließ; er war auf der Treppe gestürzt und hatte sich dabei den linken Arm verletzt. Kurze Zeit danach fing er an, sich alt zu fühlen, zumal ihm bald diese und jene Beschwerden zu schaffen machten. Als der Mittsiebziger seinen Lehrstuhl zur Verfügung stellte, schrieb er in einem Brief:

»Es ist allerdings gar nicht zu leugnen, daß ich vorige Woche meine Demission genommen habe aber es geschah aus leider sehr gediegenen Gründen. Vor nicht ganz drei Wochen wurde ich von einer schmerzlichen Ischias in der ganzen linken Seite und von einem noch bedenklicheren Asthma befallen, und letzteres gab den Ausschlag; wenn ich auch noch im Zusammenhang sprechen könnte, so bringt mir doch jegliche Bewegung (wenn sie nicht sehr langsam vor sich geht) erbärmliches Keuchen und Schwitzen, und bei einem solchen Zustand kann man keine Collegien mehr garantieren. Auch habe ich jetzt mein Dreivierteljahrhundert auf dem Buckel . . .«

Er sah aber auch die angenehmen Seiten und fuhr fort: »Nun glauben Sie auch gar nicht, wie herrenwohl es einem alten Manne zu Muth ist, wenn er allen Verpflichtungen und Verantwortungen fortan entzogen bleibt. Ich habe sogleich ein kleineres Ärbetli vorgenommen und angefangen zu schäfferlen; kleine Sächli, welche man auch kann liegenlassen. Nur nichts Größeres und Weitausgreifendes mehr! Denn bei einem solchen Gedanken schon fange ich an zu schwitzen.«

Auch das Herz machte ihm zu schaffen. »Herzleiden sind unser tödtliches Familienübel«, schrieb er in einem anderen Brief, »welches mein kluger Doctor nur hinausziehen kann. Ich gehe noch 2mal des Tages aus, gegen Mittag auf die Lesegesellschaft und abends in die Anlagen, aber mit der Schnelligkeit eines Uhrzeigers und mit baldigem Keuchen und Schwitzen . . . Die Behörde hat mich mit größter Anerkennung und höchst generös entlassen. Ich arbeite jetzt noch alte Notizen auf, nicht als ob dabei etwas herauskäme, sondern weil ich das bloße Herumlesen, d. h. das völlige Nichtsthun nicht vertragen kann . . .«

Er war dankbar, daß ihm — so schrieb er mehrmals — Auge und Ohr noch erhalten blieben und daß er also noch gut lesen konnte. »Die ganze Maschine ist eben alt, und drei Geschwister von mir sind an Herzkrankheiten gestorben«, schrieb er einmal, fügte aber hinzu: »Ich will nicht zu sehr klagen, wenn mir bis in die letzten und folgenden Zeiten Auge und Ohr noch frisch bleiben.«

In diesem Brief erwähnte er auch einen Kollegen, der — obwohl acht Jahre jünger — »sich durch lauter maßloses Arbeiten krank gemacht und an den weitern Folgen den Tod geholt, . . . einzig von der Überanstrengung«. Und er, der nun wirklich auf ein stattliches Werk zurückblicken konnte, meinte:

»Letztere«, also Überanstrengung, »hat man mir nie nachsagen können, indem ich über einen gewissen regelmäßigen, aber bequemen Fleiß niemals hinausgegangen bin.«

Das war eine Untertreibung. Richtig aber ist, daß er in seinem Gelehrtendasein ohne Hektik und ohne Streß hatte arbeiten können. Hinzu kam, daß er ohne Familie lebte und folglich für niemanden sorgen und sich von niemandem, auch nicht von seiner Universität, abhängig fühlen mußte; für sich alleine hätte er immer genug Geld gehabt. Hinzu kam weiter, daß er kein Mann der Konfrontation war, obgleich alles, was er schrieb, unter durchaus neuen und eigenwilligen Aspekten stand.

Er war — so scheint es jedenfalls — in sich ganz sicher, war ausgeglichen, wohl auch zufrieden mit dem, was er geschaffen hatte. Dies alles zusammen bildete eine gute Basis, auch mit dem Altern fertig zu werden, distanziert wie einer, der sich selber beim Älterwerden zuschaut:

»Ich trete jetzt mein 78. Jahr an und bin nicht nur alt, sondern auch recht müde und wohne nun ganz objectiv dem Feldzug bei, welcher mein werther und vortrefflicher Arzt (ein Neffe) gegen meine Krankheit mit Hülfe beständiger Untersuchung und dreier wechselnder Medicinen führt. Doch habe ich Auge und Ohr noch und leidlichen Schlaf und will nicht klagen.«

Fast zwei Jahre später schrieb er, es gehe nun mit seinem »Gesundheitszustand deutlich bergab«: »Schlaf und sonstige Qualitäten gehen noch, aber der Athemzug ist gering.« Er schrieb dies einem befreundeten Kollegen, der ihm sein Werk zur Begutachtung geschickt hatte. »Vom Arbeiten ist keine Rede mehr, und so bin ich nun auch völlig unfähig zu der großen Auskunft über die beiden Style, wovon Sie reden. Die alten Zeiten sind gründlich vorbei, und wenn mich nun auch Vieles und recht sehr interessiert, kann ich mich doch nicht mehr im Zusammenhang äußern ...« Und er schloß diesen Brief mit der Bitte: »Nehmen Sie mich auch nach meinem Tode ein wenig (nicht zuviel) in Schutz.«

Etwa zehn Wochen danach schlief er für immer ein, in seinem Lehnstuhl, im Alter von 79 Jahren. Aus seinem Nachlaß erschien ein vierbändiges Werk und seine noch heute viel gelesenen Betrachtungen.

Wer war's?

48. »... er dachte ja nicht,
so schnell sterben zu müssen.«

Der Mittzwanziger, seit einiger Zeit sehr krank, schrieb einer Photographin: »Ich glaube, ich überwinde diesen Dämon Krankheit jetzt endlich ... Allerdings bin ich so restlos von den Füßen, daß es mit der Arbeit in diesem Sommer noch nicht weit her sein wird — ich werde eben bummeln und mich erholen ...« Und vielleicht etwas zu gewollt optimistisch fügte er hinzu: »Entweder gehe ich ein, oder ich werde wieder. Da ich aber noch soviel vorhabe, kann ich ja gar nicht eingehen — also: werde ich wieder.«

An demselben Tag, an dem er dies schrieb, hatten sich seine Eltern im Krankenhaus, in dem er schon mehrere Wochen lag, nachdem er Wochen zuvor auch in einer anderen Klinik ohne Erfolg behandelt worden war, nach den therapeutischen Möglichkeiten für ihn erkundigt. Die Antwort: »Nehmen Sie Ihren Sohn hier raus, wir können ihm nicht helfen.« Und ihre Frage, ob er sterben müsse, hatte man bejaht: »Es kann noch ein Jahr dauern und kann schon in drei Tagen sein.«

Daheim, in seinem Zimmer in der elterlichen Wohnung, gab er sich optimistisch. Und war es sicher auch. Denn daß die Ärzte ihn aufgegeben hatten, wußte er nicht. Er wußte allerdings, daß sie ihm nicht helfen konnten, weil sie gegen seine Krankheit, eine auf schmerzhafte, aber unklare Weise entzündete oder vergiftete Leber, die zu fast ständigem

Fieber und wachsendem Energieverlust führte, keine Therapie wußten; ja nicht einmal eine Diagnose. Er mag die Beschwerden für die Folgen einer Gelbsucht gehalten haben.

Sein Optimismus wechselte mit depressiven Stimmungen. »Manchmal wird es schwer, soviel Geduld aufzubringen«, hieß es in einem seiner Briefe, »aber mit wem soll man Krach schlagen? Mit dem lieben Gott, der sich nie um uns kümmert; nie um uns gekümmert hat und nie kümmern wird?« Das hatte er noch im Krankenhaus geschrieben, wo er nicht mit Gott haderte, der für ihn spätestens seit seinen Erfahrungen im Krieg (als Soldat und als Häftling) nur ein »Märchenbuchliebergott« war, wohl aber mit dem behandelnden Arzt. Daß er ihn der Ignoranz bezichtigte und ihm vorwarf, ein neues antibakterielles Mittel nicht sofort bei ihm versucht zu haben, zeigt, wie sehr er hoffte, gesund werden zu können. Aber er muß gespürt haben, daß seine Zeit zu kurz sein würde, um noch all das sagen zu können, was er sagen wollte: »Auch muß ich jede 5 Minuten ausnutzen, wo ich einigermaßen klar bin — die Röntgenstrahlen greifen mich derart an, daß ich nur noch träge vor mich hinlotzen kann.«

Nicht immer gelang es ihm, vor Besuchern — seit er mit einer erst in dieser Zeit der Krankheit rasch niedergeschriebenen Arbeit über Nacht Resonanz und Anerkennung gefunden hatte, kamen viele Besucher zu ihm — den Heiteren zu spielen. Es kamen Zeiten der Verbitterung, in denen er gesunde Menschen nicht ertrug. Und als es ihm schon sehr schlecht ging, schrieb er einem Freund: »Ich will keine Zeile mehr schreiben können, wenn ich nur mal über die Straße gehen dürfte, mal wieder Straßenbahn fahren und an die Elbe gehen . . .«

Noch einmal machte man ihm, machte er sich Hoffnung: Er kam — was zu jener Zeit schwierig, fast unmöglich war — in eine Klinik im Ausland. Aber auch da waren die Ärzte hilflos. Und was schlimmer war: Er fühlte sich in jener Klinik und in jenem Land »als rundherum unwillkommen« (so sein sehr kritischer und zugleich verständnisvollster Biograph), wie eigentlich in seinem ganzen Leben fühlte er sich auch und gerade in jenen letzten Wochen allein und ohne Antwort gelassen. Und so starb er auch, erst 26 Jahre alt. Nach seinem Tode schrieb eine Krankenschwester seinen Eltern einen Brief. Darin hieß es: »Er konnte nichts mehr sagen, er dachte ja nicht, so schnell sterben zu müssen.«

In der Klinik hat er jenes Manifest geschrieben, das eine Zeitlang häufig zitiert wurde, seine radikale Absage an den Krieg, sein absolutes Nein zu jeglicher Form von Rüstung. Inzwischen ist es nahezu vergessen.

Wer war's?

49. Wage, dich deines Verstandes zu bedienen!

Vielen ist sein Name nicht mehr geläufig. Aber man sollte ihn schon noch kennen; man sollte vor allem wissen, daß dieser Mann etwas gewagt hat, zu dem andere in jener Zeit noch nicht den Mut aufbrachten. Man kann sagen, er hat ein ganzes Zeitalter zur Vernunft gebracht, es von einem Wahn befreit, von einem »wissenschaftlichen« Irrtum, dem sehr viele Menschen zum Opfer gefallen waren, Männer, Frauen und Kinder. Daß er überhaupt gewagt hat, dieses Problem anzugehen, lag an seinem grenzenlosen Optimismus. Er war zutiefst überzeugt, alles mit Vernunft lösen zu können.

In seinem optimistischen Glauben an die Vernunft wurde er nur selten enttäuscht. Einmal jedoch wurde er fast aus der Bahn geworfen. Der Mittdreißiger — damals schon ein geachteter Professor an einer angesehenen deutschen Universität — wurde das Opfer einer Intrige. Es wurde behauptet, er habe den Ursprung der königlichen Gewalt von Gott geleugnet. Daraufhin wurde er des Hochverrats angeklagt, des Hochverrats gegen alle Monarchen der Erde. Die Anklage ging vom dänischen König aus. Ohne sich verteidigen zu können, wurde er schuldig gesprochen, und ein dänischer Hofprediger, den er in einem Buch angegriffen hatte, erreichte, daß dieses Buch in Kopenhagen verbrannt wurde und daß der dänische König seine drakonische Bestrafung forderte.

Als er dann in einem Gutachten die Auffassung vertrat, Personen lutherischen und reformierten Glaubens dürften sich miteinander verheiraten, hatte er auch bei seinem deutschen Landesherrn verspielt, und er wurde angewiesen, sich »des Lehrens und Disputierens öffentlich und privat, auf was Art es wolle, zu enthalten, auch aller Herausgabe von Schriften«. Das heißt, er wurde aus dem Amt gejagt, und es wurde sogar ein Haftbefehl gegen ihn erlassen.

Doch hatte er in seinem Unglück großes Glück. Ein Nachbarland nahm ihn mit Freuden auf. Dort wurde er mit der Gründung einer neuen Universität beauftragt, und damit fand er erst jetzt die Basis für seinen unermüdlichen Einsatz der Vernunft zur Aufklärung der Menschheit aus ihrer selbstverschuldeten Unmündigkeit. »Sapere aude!« — Wage, dich deines Verstandes zu bedienen! Das war sein Wahlspruch, und er glaubte mit aller Kraft seines Wesens an die Unwandelbarkeit einer für alle Zeiten und Menschen gleichartigen Vernunft als die Befreierin von hemmenden Vorurteilen.

Das klingt heute nicht mehr aufregend, sondern ist längst eine Selbstverständlichkeit. Zu seiner Zeit aber fingen die Menschen eben erst an, sich als denkende und urteilende Wesen zu fühlen. Bis dahin hatten sie alles gläubig hingenommen, was ihnen von Kirche und Obrigkeit gesagt wurde. Er aber lehrte, daß die Wahrheit etwas ist, das mit Hilfe des Verstandes herausgefunden werden müsse.

Und überall, auf allen Lebensgebieten, taten sich

ihm neue Wahrheiten auf. Zum Beispiel auch diese: »Ein Liebhaber der Weisheit«, so schrieb er, »hat endlich auch zu bedenken, daß der Mensch mehr zu Frieden als zum Krieg bestimmt sei und daß die Universitäten Pflanzgärten des Friedens sind.«

Um möglichst vielen Menschen seine Lehren und Ansichten zu vermitteln, lehrte er in deutscher Sprache. Auch das war eine unerhörte, bahnbrechende Neuerung; bis dahin war auf allen Universitäten nur auf lateinisch gelehrt und gelesen worden. Und um noch mehr Menschen zu erreichen, gab er eine Zeitschrift heraus mit dem Titel »Monatsgespräche oder freimütige lustige und ernsthafte, jedoch vernunft- und gesetzmäßige Gedanken«. Damit wurde er der Vater des deutschen Journalismus. Aber auch das ist längst in Vergessenheit geraten.

Er wollte, daß die Wissenschaftler, die zu seiner Zeit eine besonders exklusive Schicht darstellten und weltfremde Dispute führten, reale Daseinsaufgaben lösen und den Menschen neue Lebensformen erschließen sollten. Er selber lehrte, daß wir Menschen nicht nur ein Recht auf Glück, sondern auch den göttlichen Auftrag haben, nach zeitlicher Glückseligkeit zu streben; denn Gott habe »alle Kreaturen nicht zum Unglück..., sondern zu einem glücklichen, freudigen Leben geschaffen«.

Seiner Meinung nach hatten die Menschen eben sehr viel mehr natürliche Rechte, als ihnen zugestanden wurden. Mit Erfolg trat er, der auch Jurist war, für eine neue Rechtslehre ein. Ihm vor allem ist zu danken, daß das Recht von der Vorherrschaft theologischer Dogmen frei wurde. Von der neuen Rechtsauffassung her gelang ihm auch die Überwindung des damals noch herrschenden Hexenwahns. Er wies nach, daß Hexenprozesse ohne vernünftige Rechtsgrundlagen erfolgten und daß die Zeugenaussagen, die ausreichten, jemanden wegen Hexerei zu verbrennen, sinnlos waren. »Was würde man«, schrieb er, »von tausend miteinander übereinstimmenden Aussagen halten, daß eine Hexe im Himmel gewesen sei, mit St. Petrus getanzt und mit seinem Jagdhund geschlafen habe?«

»Er hat die Hexenrichter so der Lächerlichkeit preisgegeben, daß man sich von da an solcher Prozesse schämte«, schrieb Friedrich der Große. In seinem Land fand der letzte Hexenprozeß in jenem Jahr statt, als er, der die Hexenprozesse so lächerlich gemacht hatte, im Alter von 73 Jahren starb.

Wer war's?

50. »Niemand wird mich achten und mein Andenken ehren . . .«

Von Kindheit an neigte er zu Schwermut, und alles ging bei ihm traurig aus. Auch seine vielen Liebesgeschichten. »Meine bescheidensten Wünsche des Menschenglücks, sehe ich wohl, sind unerreichbar«, schrieb der 31jährige einem Freund, nachdem ihm seine Pläne, in der Neuen Welt einen neuen Anfang zu machen, fehlgeschlagen waren.

Die Großmutter hatte dem 28jährigen so viel Vermögen hinterlassen, daß er leben konnte, ohne Geld verdienen zu müssen. Gegen den Rat seiner Freunde hatte er nach ihrem Tode sein Studium — nach verschiedenen Versuchen studierte er zuletzt Medizin — sofort aufgegeben. Durch unglückliche Spekulationen hatte er jedoch bald einen beträchtlichen Teil seines ererbten Vermögens eingebüßt. In der Hoffnung, den Verlust auszugleichen, trug er sich in Ulm in eine Auswandererliste ein, wobei er gegen 5000 Gulden auf dem Papier 1000 Morgen amerikanisches Ackerland zugeschrieben bekam; dies sollte ihm eine jährliche Rendite von 3000 Gulden bringen.

Als er nach Amerika kam und sein »Gut« besuchte, mußte er einsehen, daß er sich verkalkuliert hatte und daß die Neue Welt nichts für ihn war. Die Amerikaner waren für ihn »ausgebrannte Menschen«, ziellos, gewinnsüchtig, in ihrer Heiterkeit kalt und unheimlich, die Amerikanerinnen von »fürchterlicher innerer Hohlheit«. Von Heimweh gepackt, verließ er jenes Land nach fünf Monaten wieder, mit der neuen Erkenntnis, daß wahre Freiheit nur in der eigenen Brust ruhe, und kehrte in die Heimat zurück, wo er unmittelbar vor seinem amerikanischen Abenteuer seinen ersten Gedichtband veröffentlicht hatte.

Daheim setzte er sein unstetes Leben von früher fort. Er schrieb, und er musizierte. Er war ein ausgezeichneter Geigenspieler; manchmal übte er acht Stunden am Tag. Oft fragte er sich, ob er sich statt aufs Dichten nicht lieber hätte aufs Geigenspiel verlegen sollen. Und immer wieder lernte er Frauen kennen, in die er sich verliebte, aber zum Heiraten fehlte ihm die finanzielle Sicherheit.

Gebunden zu sein lag ihm nicht. Doch war sein Freiheitsdrang nicht Ausdruck von Stärke und Selbstsicherheit, sondern eher von Flucht und Schwäche. Er kränkelte viel, und dies nahm mit den Jahren zu. Der Enddreißiger klagte über eine »ganz fatale Nervenreizbarkeit«, eine zunehmende innere Erregung, über Schlaflosigkeit, beständiges Unwohlsein, Kopfschmerz, Mattigkeit, Mißmut, Appetitlosigkeit und immer wieder über zu kurzen, unerquicklichen Schlaf: »Ich erwache oftmals in der Nacht und muß, ohne mir etwas Bestimmtes zu denken, von selbst und gleichsam bewußtlos in ein heftiges und ein anhaltendes Weinen ausbrechen.«

Und dann hatte er eines Morgens beim Frühstück — wie er selbst sagte, durch einen »ungeheuren Affekt von Zorn, Kummer und Verzweiflung« — plötzlich eine Gesichtslähmung. Nach einigen Tagen ging die Lähmung zurück, er fühlte sich besser und schrieb: »Ich bekomme meine Gedanken schon wieder mehr in meine Gewalt, verspreche mich auch nicht so häufig wie die Tage vorher, wo ich zum Beispiel statt ›im höchsten Grad‹ immer sagte ›im tiefsten Grade‹; und das Wort Skrupel nur nach wiederholten Bemühungen herausbrachte.« Aber wenige Tage später brach er völlig zusammen, und Freunde brachten den 42jährigen in eine Heilanstalt. Dort siechte er noch sechs Jahre in fast völliger Umnachtung dahin. Heute vermutet man, daß er sich auf seiner Amerikareise oder schon früher syphilitisch infiziert hatte.

Einige Jahre vor seinem Tode hat er gesagt: »Niemand wird mich achten und mein Andenken ehren, in ganz kurzer Zeit bin ich mit allem, was ich geschrieben habe, vergessen!« Gut hundert Jahre später wurde sein trauriges Leben einem modernen Schriftsteller zum Anlaß, es gleichsam in »Eine Suite« zu transformieren.

Wer war's?

51. Die »unterthänigste gehorsamste Tochter« ihres Papas

In einem Brief berichtete die Jungverheiratete ihrem Vater von ihrem Ehemann (den sie erst bei der Heirat persönlich kennengelernt hatte): »Er hat die ähnliche Gewohnheit als Sie, bester Papa, zu fragen, ob man eine Sache begreift, und wenn man nein erwidert, jedermann bei der Nase zu ziehen, die meinige ist völlig verunstaltet.«

Daß die 18jährige vieles nicht begriff, war nicht verwunderlich. Zwar hatte sie das erhalten, was man eine gute Erziehung nannte, aber auf Bildung war dabei kein besonderer Wert gelegt worden. Auf manchen Gebieten war sie gänzlich unaufgeklärt geblieben. Zum Beispiel in der Politik. Und auch auf sexuellem Gebiet. In ihrer neuesten Lebensbeschreibung heißt es: »In ihrer Kindheit hatte man ihr nur weibliche Tiere zum Spielen gegeben, alle Stellen, die nur im entferntesten sexuelle Dinge berühren, wurden aus den Büchern herausgeschnitten, die man ihr zu lesen gab.« Doch scheint das ihren Ehen — sie heiratete dreimal — und ihrem späteren angeblich nymphomanischen Liebesleben nicht geschadet zu haben.

Daß sie ihren ersten Ehemann mit ihrem Vater verglich, lag in ihrer tiefen Liebe zum Vater begründet. Je mehr Ähnlichkeiten sie entdeckte, desto leichter schien es ihr, ihren Mann lieben zu können, den sie keineswegs aus Liebe geheiratet hatte. Aber wirkliche Ähnlichkeiten gab es kaum; beide waren etwa im selben Alter (der Mann war nur ein Jahr jünger als der Vater), und sie hatten den gleichen, Macht beanspruchenden Titel.

Ihrem schwärmerisch verehrten und heißgeliebten Papa, der häufig von daheim fern sein mußte, hat sie in einigen hundert Briefen über sich und ihre Tätigkeiten berichtet, wobei sie ihm stets aufs neue versicherte, daß »Sie mir das Liebste, was ich auf der Welt habe, sind«. Immer dachte sie zuerst an ihn. Die 13jährige, die sich einen Gemüsegarten hatte anlegen lassen, schrieb: »Ich habe in meinem Garten Fisolen, Erbsen, Gurken, Kohl und Salatt, welches alles sehr schön steht, ich werde auch später Spinat anbauen, um daß, wenn er nachdem zeitig wird, daß ich meinen lieben Papa damit aufwarten kann.«

Sie war die Lieblingstochter ihres Vaters, und sie wollte diese Stellung nie gefährden. Was sie ihm als Achtjährige geschrieben hatte, galt eigentlich für ihr ganzes Leben: »Ich bitte Sie, lieber Papa, thuns mich in Ihrer Gnade erhalten, und ich versichere, daß ich mit Ehrfurcht und mit Zärtlichkeit so lange ich lebe bin, Lieber Papa, Ihre unterthänigste gehorsamste Tochter . . .«

Vor allem aus Gehorsam heiratete die 18jährige jenen Mann, von dem sie dem Vater berichtete: ». . . er liebt mich inniglich, ich bin ihm auch sehr erkenntlich und erwidere herzlich seine Liebe; ich finde, daß er sehr gewinnt, wenn man ihm näher kennt, er hat etwas einnehmendes und zuvorkommendes, dem man unmöglich widerstehen kann. Ich bin überzeugt, daß ich recht zufrieden mit ihm leben

186

werde.« Fünf Tage später schrieb sie: »Ich kann Ihnen versichern, liebster Papa, daß Ihre Prophezeyung eingetroffen ist, ich bin so glücklich als Sie mir es sagten, daß ich es seyn würde.« Und nach drei Monaten: ». . . ich bin doppelt glücklich izt, da mich der Arzt versichert, daß ich seit vorigen Monat in der Hoffnung bin. Gott gebe, daß es wahr ist . . . Sie können sich vorstellen, daß ich gleich das Reiten und Tanzen aufgegeben habe . . .«

Dieses Glück aber sollte nur kurz sein. Es wurde der Politik geopfert. Sie, die »gehorsamste Tochter«, fügte sich ein zweites Mal. Getrennt von ihrem Mann, umgeben von Ratgebern, die nur an ihr eigenes Wohl dachten, wünschte die inzwischen 22jährige sich in die Obhut des Vaters zurück. Sie könne, schrieb sie ihm, »kein sichereres Asyl, keinen besseren Schutz erhoffen als den, welchen ich von Ihrer väterlichen Zärtlichkeit für mich und meinen Sohn erflehe. In ihre Arme, mein teuerster Vater, flüchte ich mich und das Wesen, das mir das teuerste auf der Welt ist. Ich lege unser Schicksal in Ihre Hände und vertraue auf Ihren väterlichen Schutz . . . Wir werden keinen anderen Willen kennen als den Ihren . . .«

Dies haben viele ihr im nachhinein als Verrat an ihrem Mann vorgeworfen — aber zu Unrecht. Zu jener Zeit wußte sie nicht einmal mit Sicherheit, ob ihre Ehe mit ihm überhaupt gültig gewesen war. Und woher hätte sie die Kraft nehmen sollen, sich gegen die ganze Welt für ihn zu entscheiden?

Immer nur Opfer wollte auch sie nicht sein. Sie fand ein neues Glück, in der Liebe zu einem anderen

Mann, hatte mehrere Kinder mit ihm (was bis zum Tod ihres ersten Mannes ein Geheimnis bleiben mußte), heiratete ihn und heiratete (nach seinem Tod) sogar ein drittes Mal und war gut drei Jahrzehnte lang (bis sie, eben 56 Jahre alt, starb) Landesmutter eines kleinen Landes, wo sie noch heute in guter Erinnerung ist.

Wer war's?

52. »...noch keinen
sah ich glücklich enden...«

Die ersten Jahre der Kindheit nannte er später eine
»Wonnezeit voll holder Träume, reich behängt mit
Bilderbüchern, Christbäumen, Mutterliebe, Oster-
wochen und Ostereiern, mit Blumen und Vögeln,
Armeen aus Blei und Papier...«.
Der frühe Tod des Vaters (als der Junge kaum sieben Jahre alt war) warf einen Schatten auf jene hei-
tere Zeit: »Erinnerst du dich des Morgens, als sie
dich hineinführten zu einem wohlbekannten Mann,
dessen Gesicht so blaß geworden war, dessen
Hand du weinend küßtest, weinend, ohne zu wissen, warum? Denn konntest du glauben, daß die
harten Männer, die ihn in einen Schrank legten und
mit schwarzen Tüchern zudeckten, konntest du
glauben, daß sie ihn nicht mehr zurückbringen
würden?«
Aber während sein älterer Bruder damals zum
Großvater kam, blieb er mit seinen zwei jüngeren
Schwestern bei der Mutter, wo ihm die Kindheits-
idylle weiterhin erhalten blieb. Allerdings mußte er
bald ziemlich viel büffeln. Die Mutter wollte, daß er
später einmal Theologie studiere, um Seelsorger
werden zu können und um versorgt zu sein. Er
lernte eifrig, las sehr viel, und er kam dann auf eine
Klosterschule. Dort litt er unter der strengen Tages-
einteilung, die den Zöglingen täglich nur zwei Stunden Freizeit ließ. Oft hatte er Heimweh. Und noch
der Siebzehnjährige klagte einem Freund:

»Es dreht sich alles im alten Kreise, und ich komme mir vor wie ein Färbergaul, der im ewigen Kreislauf immer wieder an den oft betrachteten Gegenständen hingetrieben wird. 's ist doch ein verflucht langweiliges Leben, das Klosterleben. Die langen Wintertage, Tag für Tag wird man um 5 bis 6 Uhr aus dem besten Schlaf aufgeschellt, muß schanzen bis 12 Uhr. Dann kommt schlechtes Essen. 1/2 Stündchen im schlechten Wetter auf den wenigen, oft besehenen Spaziergängen sich herumtreiben, ist auch großes Vergnügen! Die übrige Rekreationszeit hat man Langeweile, dann geht das Schaffen wieder an bis 8 Uhr, um am Ende die langweiligste Erholung auf seiner Stube bei einer Pfeife Tabak der Verdauung zu pflegen. Ringsherum fades Geschwätz; zu lesen ist auch nichts da; da kommen oft Deine Briefe wieder aufs Tapet, und es bleibt mir am Ende nichts mehr, als an die seligen Vakanztage zu denken und am Ende — das Heimweh zu bekommen . . .«

Ein paar Jahre später jedoch dachte er sehr viel positiver über seine Schulzeit: »Jene Klostermauern waren das enge Nest, das uns aufzog, bis wir flügge waren, und ihrer rauhen Albluft danken wir es, daß wir nicht verweichlichten.«

Inzwischen hatte er eine Stelle als Hauslehrer angenommen. Was ihm da, aber auch zuvor, zugute kam und ihn überall beliebt machte, war sein erzählerisches Talent. Schon als kleiner Junge hatte er seinen Schwestern immer wieder Geschichten erzählt. Und jetzt bedurfte es nur noch einer mehr oder weniger zufälligen Aufforderung, seine Erzählungen schriftlich zu fixieren. Er tat's, fand auch einen Verleger und hatte bald Erfolge, besonders nachdem er Redakteur und Herausgeber einer Zeitschrift geworden war.

Im Alter von 24 Jahren heiratete er und war glücklich. Einem Freund schrieb er: »Ich bin froh, daß ich um zweitausend Jahre nach Polykrates geboren bin und keinem Aberglauben mehr anheimfalle, sonst müßte mich mitten im Glück der furchtbar mahnende Gedanke traurig machen: ›noch keinen sah ich glücklich enden, auf den mit immer vollen Händen die Götter ihre Gaben streun‹ . . .«

Sein Glück sollte nur allzu kurz sein. Ein Dreivierteljahr später wurde er krank, klagte über Magenbeschwerden und allgemeines Übelbefinden. Seine Freunde hielten das für Hypochondrie, und sie verargten es ihm, daß er sich ausgerechnet an jenem Tag ins Bett legte, an dem seine Frau ihr Töchterchen zur Welt brachte. Er freute sich noch darüber, aber dann stieg das Fieber, das als »Nervenfieber« diagnostiziert wurde, also als Typhus abdominalis. Wenig später starb er, zehn Tage vor seinem 25. Geburtstag.

Wer war's?

53. Er zerschnitt seine Bilder und erschoß sich

Obwohl ihm Heldentum nicht lag und er Uniformen nicht mochte, ja die militärische Uniform sogar verachtete, meldete er sich freiwillig zum Kriegsdienst. Da war er kein Jüngling mehr, sondern immerhin schon Mitte der Dreißig. Seinen Bekannten ebenso wie jenen, die später über ihn schrieben, erschien sein plötzlicher Entschluß rätselhaft. Der Wahrheit am nächsten kommt wohl die Vermutung, daß er schon damals mit der Welt zerfallen und einsam war und daß er der Einsamkeit entfliehen wollte, wozu ihm sogar das Militär einen Ausweg zu bieten schien.

Nach der militärischen Grundausbildung kam er zu der Ersatzabteilung eines Artillerie-Regiments. Dort mußte ihm erst einmal reiten beigebracht werden; denn die Artillerie jener Zeit war noch nicht motorisiert, sondern auf Pferde angewiesen. Er hatte Glück. Der Reserve-Offizier, unter dessen Kommando er reiten lernen sollte, im Privatberuf Ordinarius an einer juristischen Fakultät, kannte ihn und war ein Bewunderer seiner Arbeiten. So gut es ging, erleichterte er ihm den militärischen Dienst, schützte ihn vor Schikanen seitens der unteren Chargen und gab ihm sogar Gelegenheit, statt Soldat zu spielen, seinen eigentlichen Ambitionen nachzugehen. Damals entstanden mehrere Arbeiten von ihm.

Trotz solcher Bevorzugung litt er stark unter dem

Zwang und ganz besonders unter der wachsenden Furcht, irgendwann an die Front versetzt zu werden. Später ist gesagt worden, er habe seine Militärzeit im nachhinein überdramatisiert. Schließlich habe er wirkliches Kriegsgeschehen gar nicht miterleben müssen, und Tausende anderer Künstler, Dichter, Intellektueller seien von ihren Vorgesetzten weit schlimmer schikaniert worden. Das mag richtig sein, ändert jedoch nichts daran, wie er jene Zeit nun einmal empfunden hat, nämlich — wie er es damals in einer seiner Arbeiten ausdrückte — als existentielle Vernichtung. Er fühlte sich als einer, der vom Militär um sein künstlerisches Wesen, um sein Ich, gebracht wurde.

Das war keine Einbildung. Er war wirklich psychisch verletzt worden, und zwar immerhin so sehr, daß sein ihm zugetaner Vorgesetzter seine Entlassung durchsetzte, wegen Dienstuntauglichkeit. Doch bedeutete das für ihn nicht Freiheit. Denn mit der Entlassung war die Auflage verbunden, daß er in ein Sanatorium ging. In den folgenden Jahren suchte er in immer anderen Heilanstalten seine Gesundheit wiederzugewinnen. Aber nicht nur psychisch, auch körperlich ging es ihm zunehmend schlechter. Anfangs war da immer noch die Furcht, wieder zum Militär zu müssen. Das ließ ihn zu Drogen greifen. Schließlich war er, geschwächt durch Alkohol und Rauschgift, so krank, daß er vor dem völligen Verfall zu stehen schien.

Dennoch gab er in all den Jahren seine Arbeit nie auf, ja, es kamen immer wieder auch Zeiten gesteigerter künstlerischer Tätigkeit. Zeitweise hatte er mit seinen Arbeiten Erfolg. Um den Vierzigjährigen bemühten sich viele Museen. Und er fand auch Käufer, so daß er finanziell gut über die Runden kam. Aber das änderte sich durch eine weltweite Wirtschaftskrise und eine politische Wende. Was ihn aber schließlich verzweifeln ließ, war etwas anderes. Er quälte sich, weil er vielleicht nie ganz sicher war, wirklich geschaffen zu haben, was er schaffen wollte. Oder war es schließlich doch der Mangel an allgemeiner Anerkennung, der ihn in den Tod trieb?

Jener Jurist und Reitlehrer, der geholfen hatte, daß er vom Militär freikam, schrieb wenige Tage nach seinem Tode (im Alter von 58 Jahren) einem gemeinsamen Freund: Er »ging einem inneren und äußeren Zerfall entgegen... Sein Gesicht war fahl und zerrissen. Seine Auflösungselemente, die sich leise auch in seiner Kunst andeuten, drängten sich immer mächtiger hervor. Ein Zusammenbruch erschien unvermeidlich«. Als dann ein Freund kam und ihn überreden wollte, seinen Wohnsitz in der Einsamkeit der Berge aufzugeben und in der Stadt einen neuen Anfang zu versuchen, nachdem er für seine letzte Ausstellung nur negative Kritiken erhalten und dort kein einziges Bild verkauft hatte, gab er auf: »Er überredete seine Frau, sich mit ihm auf die Schienen zu legen. Doch ihr Lebenswille war stärker. Daraufhin machte er den Vorschlag, das Haus mit allem, was darinnen war, zu verbrennen und mit ihr inmitten der brennenden Bilder den Tod zu finden. Doch auch dazu konnte sie sich nicht entschließen. Nun holte er einen Revolver und

194

begann, seine Bilder zu durchschießen. Eine wilde Begeisterung hatte ihn erfaßt. Dann nahm er ein Messer und schnitt überall seinen Namen heraus. Die gute Frau ertrug das Furchtbare nicht länger. Sie eilte aus dem Hause zu dem Bekannten, der jenseits der Wiese wohnte, er ihr nach mit dem Revolver. Als er sah, daß er sie nicht ereilen konnte, schoß er sich mitten auf der Wiese eine Kugel durch den Kopf.«

Einige Jahre zuvor, als es ihm noch gutging, kostete ein Bild von ihm zwischen 150 und 200 Mark. Heute zweitausendmal soviel.

Wer war's?

54. Mit schwachen Gedichten
   viel Geld verdient

Einer, der seine Zeitgenossen recht gut beobachtete
und charakterisierte, schrieb über ihn: »Umgang
hab' ich nicht viel mit ihm . . .; denn er ist der ver-
schlossenste, hartnäckigste Schweiger, der mir noch
vorgekommen. Keine Verlegenheit, keine Angst
wirkt auf ihn; er wartet ab, was daraus werden
möge, und schweigt. Redet er aber, so ist was er
sagt, gediegen, klar, zweckmäßig und möglichst
kurz; ohne alle Absicht und Ziererei ist es so, aus
freier Natur heraus . . . Und so ist der ganze
Mensch. Seine Redlichkeit, Hochherzigkeit und
Treue preist jeder, der ihn kennt, als unerschüt-
terlich . . .«
Dies war richtig bis auf eines: In Wirklichkeit war er
niemals ein guter Redner, und wenn er als Abgeordneter doch ab und an den Mund aufmachen
mußte, dann hatte er — wie es in einer Darstellung
über ihn und sein Werk heißt — »mit dem Aus-
drucke zu ringen bis zu gelegentlichem Stammeln«.
Und weil seine Reden so absolut schwunglos und
sachlich trocken waren, liefen manchmal sogar
seine Freunde aus dem Plenarsaal. »Du bist und
bleibst auch in Paris noch der alte trockene Vetter«,
hatte die 14jährige Schwester schon dem Mittzwanziger nach Frankreich geschrieben, der sich
dort nach seinem Studium der Rechte auf Grund
eines Auslandsstipendiums weiterbilden wollte,
»schreibst immer nur von Bibliotheken, Museen

196

usw., Sachen, die mich ganz und gar nicht interessieren.«

Auch seine Tagebücher sind so trocken. Sie bestehen nur aus Merkwörtern, ohne gedankliche Betrachung; sie sind Gerüste für das Gedächtnis. Mit akribischer Ordnung und Pünktlichkeit verzeichnete er Tag für Tag sein Tun und Lassen, sogar sein Essen und Trinken, sein gesundheitliches Befinden und das Wetter.

Dieser nüchterne, verschlossene, schweigsame Mann, der eine Zeitlang im Justizministerium seines Landes arbeitete, dann Advokat wurde, später eine Universitätsprofessur erhielt (auf einem ganz anderen Wissenschaftsfeld), die er jedoch wieder abgab, als sie sich mit seiner politischen Arbeit nicht vereinbaren ließ, ist als einer der gemütvollsten Gedichteschreiber in die Literaturgeschichte eingegangen.

Seine Gedichte (und anderes Gereimte) schrieb er als junger Mann, veröffentlichte sie zunächst in Zeitschriften, dann in Buchform. Der erste Band blieb jahrelang so gut wie unverkäuflich, bis er (und ebenso ein dann folgender zweiter) schließlich Auflage nach Auflage erreichte, weit über vierzig. Das sicherte dem Autor, der als 33jähriger geheiratet hatte, einen gewissen Wohlstand, so daß er schließlich als Privatgelehrter leben und sich ein sehr schön gelegenes Haus mit Garten kaufen konnte. Dabei hatte ein Größerer einmal über seine Gedichte geurteilt:

»Wo ich große Wirkungen sehe, pflege ich auch große Ursachen vorauszusetzen, und bei der so

sehr verbreiteten Popularität, die er genießt, muß
also etwas Vorzügliches an ihm sein . . . Ich nahm
den Band mit der besten Absicht zu Händen, allein
ich stieß von vornherein gleich auf so viele schwa-
che und trübselige Gedichte, daß mir das Weiterle-
sen verleidet wurde . . .« Er fand dann allerdings
auch Besseres von ihm, was ihn zu der Überzeugung brachte, »daß sein Ruhm einigen Grund
hat«.
Eines jener »trübseligen« Gedichte, später vertont
und aus immer dem gleichen traurigen Anlaß wohl
millionen- und aber millionenmal gespielt, gesun-
gen, geschluchzt, ist noch heute so bekannt, als
wär's ein Volkslied. Einen Vers daraus machte ein
anderer, erfolgreicherer Dichter zum Buchtitel seiner Lebenserinnerungen, die ein Bestseller wurden
und in denen er zwar das Gedicht nennt, nicht aber
seinen Autor.
Der war zu jener Zeit schon seit einem Jahrhundert
tot, gestorben an den Folgen einer Erkältung, die
der 75jährige sich bei der Beerdigung eines seiner
ältesten Freunde zugezogen hatte.

Wer war's?

55. »Der größte Fehler ... ist mein mangelnder Schlendrian.«

In seinem fünfzigsten Lebensjahr schrieb er in einem Brief über sich selbst: »Wenn man ein spezialisiertes Arbeitstier ist, wird das normale Leben abnorm, und ich habe kein großes Talent dafür.«

Bis er sich auf eine bestimmte Arbeit spezialisierte, hatte er alles mögliche versucht, nachdem er die höhere Schule abgeschlossen und sich als Student immatrikuliert hatte. Lange war er unentschlossen in seiner Berufswahl, und sein Universitätsstudium, das er nach sechs Jahren ohne rechten Abschluß beendete, hat er immer wieder unterbrochen, um in praktischen Berufen zu arbeiten. Er wollte Geld verdienen, und er wollte das Leben von möglichst vielen Seiten kennenlernen. Er arbeitete im Straßenbau, bei der Verarbeitung von Zuckerrüben, als Obstpflücker, als Matrose, als Maurer, so wie es sich gerade ergab.

Eine Zeitlang war er Reporter bei einer Zeitung, doch wurde er dort bald wieder entlassen; man warf ihm vor, zu dichterisch und zu wenig journalistisch zu schreiben. Die Arbeit als Reporter hatte ihm wegen der Ungebundenheit eigentlich recht gut gefallen, wenn ihm auch das Schreiben »auf Bestellung« nicht lag. Danach arbeitete er wieder in allen möglichen Branchen, meist jedoch als Gelegenheitsarbeiter.

Seiner sehr bürgerlichen, konservativen Mutter gefiel das nicht. Der Vater hingegen, ein Mühlenbesitzer, brachte Verständnis auf, zwar nicht eigentlich für sein unstetes Berufsleben, aber doch für das Ziel, das der Sohn allmählich ansteuerte. Später, als das Ziel erreicht war, sagte der Sohn: »Noch heute wundere ich mich oft über ihn. In meinem Kampf, Schriftsteller zu werden, war er es, der mich unterstützte und mir die Stange hielt, nicht die Mutter . . .«

Für diesen Beruf zahlte es sich aus, daß er das Leben aus verschiedenen Perspektiven erlebt hatte, vor allem aus der der kleinen Leute. Und so ist es kaum verwunderlich, daß er ein Anwalt der Umhergetriebenen, der Besitzlosen, der Enttäuschten und Betrogenen wurde, sehr erfolgreich, nachdem er allerdings zu Beginn mit Mißerfolgen fertig werden mußte.

Auch finanziell war er sehr erfolgreich, so daß er sich Reisen nach Europa leisten konnte. Aber gerade dort, wo seine Vorfahren gelebt hatten (in Irland und dem deutschen Niedersachsen), fühlte er sich seinem Geburtsland Kalifornien näher verbunden denn je. Und wieder daheim, schrieb er seinem Verleger: »Es gibt fünftausend Familien dort, die am Hunger sterben . . . Seltsam, wie bedeutungslos und klein Bücher angesichts solcher Tragödien werden.«

Er hat trotzdem weiter seine Bücher geschrieben — keine kleinen. Er arbeitete sehr diszipliniert, stets darauf bedacht, sein tägliches Pensum zu schaffen. Bei einem seiner größeren Werke begann er jeden Arbeitstag mit einem Brief an seinen Verleger — als Einstimmung zum eigentlichen Schreiben, als Stilübung und um sich persönliche Probleme von der Seele zu schreiben. Diese Briefe des fast Fünfzigjährigen geben Auskunft über seine Art zu arbeiten: »Mein Kopf ist nicht so glasklar, wie mir das lieb wäre. Ich habe übers Wochenende zu lange und zu tief geschlafen. Der größte Fehler, den ich habe, ist mein mangelnder Schlendrian. Ich entsinne mich nicht, jemals völlig entspannt gewesen zu sein. Selbst im Schlaf bin ich angespannt und ruhelos und erwache bei jeder Kleinigkeit. Das ist nicht gut. Etwas mehr Gelöstheit wäre schön.«

Er schien ständig Angst gehabt zu haben, aus dem Faulenzen nicht mehr herauszukommen, wenn er damit einmal nur für einen Tag anfangen wollte: »Ich muß einen gewissen Spielraum haben, soundsoviel Trödelei auf soundsoviel Arbeit. Diese Woche macht mir Angst, noch bevor sie da ist. Das Vernünftigste wäre, mein Buch liegenzulassen. Doch dann käme ich aus dem Arbeitsrhythmus heraus, und es würde lange dauern, bis ich seiner wieder habhaft würde . . .«

Vier Wochen später wollte er für einen Tag ausbrechen: »Gestern nacht kam das Böse über mich. Ich nahm mir vor, mit diebischer Freude, heute blauzumachen und angeln zu gehen, um dafür am Samstag zu arbeiten. Mein verbrecherisches Vorhaben stand fest. Und nun ist es heute vormittag bedeckt und windig.« Und er folgerte: »Sogar die Naturgewalten haben sich verschworen, mich nicht vom geraden Pfad abweichen zu lassen. Solchermaßen zur Tugend gezwungen, fällt es mir heute einigermaßen schwer, den Anfang zu finden. Ich wollte, ich hätte

der Sünder sein dürfen, der ich sein wollte. Vielleicht, daß etwas Sünde mir guttäte.«
Elf Jahre später erhielt er eine der begehrtesten Auszeichnungen. In seinem letzten Buch — er starb im Alter von 66 Jahren — warnte er seine Landsleute vor »Bequemlichkeit, Überfluß und Sicherheit, aus der Langeweile und träger Zynismus hervorgehen«.

Wer war's?

56. »Der Junge ist tückisch, er macht's mit Fleiß schlecht.«

Als er, 14 Jahre alt, die Schule beendet hatte, gab der Vater ihn in die Lehre. Der Vater war Kunsttischler. Der Sohn sagte später von ihm: »Übrigens war er ein Mann von einem hellen Blick ins Ganze; leicht stellte sich ihm dar, was nützte und taugte.« Diese Verbindung von praktischem Verstand und Schönheitssinn zeigte sich auch bei den Brüdern des Vaters; obwohl sie eigentlich Künstler waren, standen auch sie in einer Handwerkertradition, die — so sagte er selber es später — »zum Nötigen auch das Schöne schafft und das Gute«. Er, der als 14jähriger in die Lehre kam, erst zu dem einen, dann zu dem anderen Onkel, wollte vor allem das Schöne schaffen.

An seinen Abschied von daheim erinnerte sich der Sechzigjährige so: »Als ich meine Reise antrat und das väterliche Haus verließ, begleiteten mich meine Eltern und meine Geschwister eine Strecke Weges bis hin an den Wald. Außer den vielen schönen Denksprüchen und Lehren, die meine Mutter mir von Kindheit auf gegeben hatte und die sie mir jetzt von neuem ins Herz prägte, gab sie noch manche mit auf den Weg, auch diese: ›Wenn du in die Fremde kommst, zu anderen Leuten, schmeichle ihren Hunden und spiele mit ihren Kindern, dann werden sie dir geneigt.‹«

Diesen Rat schien er vor allem befolgt zu haben. Jedenfalls schrieb er, auf sein Leben zurückblikkend: »Das tat ich auch auf meinen Reisen, und manche Wirtin wollte ihren Mann bewegen, keine Bezahlung von mir anzunehmen, denn ich hatte ihre Kinder so gut unterhalten.« Zunächst aber machte er sich im Haus seines Onkels beliebt, vor allem bei der alten Haushälterin; sie war ihm gewogen, »weil sie mich zu allem gebrauchen konnte, wo nur im Hause und in der Küche zu helfen war«.

Er liebte Tiere, und große Freude machte es ihm, daß er Tauben halten durfte: »Ich zimmerte einen Schlag auf dem Boden und besetzte ihn mit Tauben, die in kurzer Zeit an Zahl so heranwuchsen, daß das ganze Dach voll davon saß. Im Hofe machte ich bretterne Röhren, die unter das Brennholz gingen, das für den Winter in großen Haufen vorrätig lag, und da setzte ich Kaninchen hinein, die sich ebenfalls in kurzer Zeit vermehrten. Der Hof wimmelte von Hühnern und Enten; auch legte ich einen Behälter für Fische an. So war ich in beständiger Tätigkeit und immer bei frohem Mute.«

Für seine eigentliche Ausbildung aber blieb kaum Zeit, und »keiner kümmerte sich in diesem Fache um mich oder gab mir Anweisung«. Er versuchte dies und das auf eigene Faust. Und dann kam ein Brief von seinem anderen, berühmteren Onkel aus Hamburg, »worin er schrieb, es sei nicht recht von seinem Bruder, mich für sich zurückzuhalten . . .«. Daraufhin wurde er — so schrieb er — »auf die Post gepackt und nach Hamburg geschickt«. Nach fünf Tagen kam er dort an: »Mein Onkel und mein Vetter Christian empfingen mich am Schiffe auf dem Baumhause und führten mich zur Tante. Das war eine Freude! Sie nahm mich mit viel Herzlichkeit auf, und als sie mein munteres Wesen sah und daß ich Lust zur Arbeit hatte, da sprach sie von Wunderwerken der Kunst, die nun geschaffen werden sollten . . .«

Es ließ sich auch alles recht gut an. Und da bei den Arbeiten des Onkels (von denen er nun lernen sollte) Tiere eine besondere Rolle spielten, kam ihm auch seine Tierliebe wieder zustatten: »Auch hatte ich Vögel, unter anderen einen Buchfinken im Bauer vor dem Fenster, der flog aus und ein; des Tags kam er nur selten heim, wenn er aß und trank; aber des Nachts schlief er immer im Bauer.« Alles schien gutzugehen, »ich war in Lust und Freude, auch mein Onkel und meine Tante«.

Aber plötzlich war alles ganz anders. Das kam daher, daß er nicht mehr nur Tiere zeichnen wollte, wie der Onkel es ihm aufgegeben hatte, sondern eine biblische Szene. Als der Onkel ihm sagte, daß er dazu noch zu wenig gelernt habe, und er trotzdem bat, es versuchen zu dürfen, mischte sich die Tante ein: Sie »fuhr auf mich zu, nannte mich einen Vorlauten, einen Naseweis, der klüger sein wolle als alte Leute, ich solle erst lernen und tun, was mir befohlen sei, und damit hieß sie mich fortgehen auf meine Stube und meine Aufgabe arbeiten«.

Obgleich er sich dabei große Mühe gab, gelang es ihm nicht, die Aufgabe gut zu lösen. Die Tante sagte: »Der Junge ist tückisch, er macht's mit Fleiß schlecht.« Und er war überzeugt: »Das wurde meinem Onkel auch leicht, zu glauben. An mein blutendes Herz zu denken, kam beiden nicht in den Sinn.«

Und als Sechzigjähriger fügte er hinzu: »Von solchen Augenblicken hängt viel ab! Ein junger Mensch, dessen Geist sich eben erheben will, kann durch herben Widerspruch leicht vernichtet werden; und woher soll er die Kraft nehmen, wenn ihm nicht von einem andern Hilfe geleistet wird. Ich war allein, war fremden Menschen unterworfen und mußte folgen in allem, was ich auch tat. Nun ward ich mißmutig, hatte nicht mehr das offene, freie, fröhliche Wesen . . .«

Er verließ den Onkel und die Tante und machte schließlich doch seinen Weg. Er wurde sogar berühmt. Daß er dies noch heute ist, liegt allerdings vor allem daran, daß er einmal einen viel Berühmteren auf einem Bild verewigt hat.

Wer war's?

57. Er wollte ein alternatives,
ein besseres Leben führen

Sein Großvater war ein Verschwender, eine Spieler-
natur, ein Mann, dem es auf Verluste nicht ankam.
Der Enkel schrieb später über ihn: »Er war nicht
nur generös, sondern sinnlos verschwenderisch
und vor allem höchst vertrauensselig. Auf seinem
Gut ... fanden lange Zeit hindurch in ununterbro-
chener Folge Feste, Theatervorstellungen, Bälle,
Gastereien und Spazierfahrten statt, was — bei seinen ständig hohen Spieleinsätzen für Lombard und
Whist (obwohl er ein schlechter Spieler war) und
bei seiner Bereitschaft, jedem, der ihn darum an-
ging, sei es auf Pump oder als Geschenk, etwas zu
geben — dazu führte, daß das große Gut völlig ver-
schuldet war und sie schließlich nichts mehr für
ihren Lebensunterhalt hatten ...«
Der Großvater, der sich um einen Verwaltungspo-
sten bemühen mußte, um seine Familie ernähren
zu können, hätte dem Enkel ein warnendes Beispiel
sein sollen. Doch der zog es vor, ähnlich leichtsinnig aufzutreten. Immerhin hatte er versucht, ein
Hochschulstudium zu absolvieren. Aber zunächst
einmal fiel der 16jährige bei der Aufnahmeprüfung
für die Universität durch. Erst beim zweiten Versuch, ein halbes Jahr später, hatte er Glück. Er
wollte orientalische Sprachen studieren, stieg jedoch bald auf Juristerei um, die ihm aber ebensowenig gefiel. Und schließlich, im Alter von 19 Jahren, beschloß er, auf dem Lande zu leben.

Aber auch diesen Versuch hielt er nicht lange durch. Er zog wieder in die Stadt. Und dort fing er an zu spielen, was er schon während seiner Studentenzeit getan hatte. Es war das Kartenspiel, dem er einfach nicht widerstehen konnte, obgleich es ihm im Grunde gar keine Freude machte und er dabei meistens verlor. Um davon loszukommen, zog er in eine andere Stadt. Aber auch dort kam er sofort wieder mit Spielern zusammen. Es änderte sich also nichts, nur daß seine Spielschulden beängstigend anwuchsen. Schließlich waren sie so groß, daß er auch die Hoffnung, sie doch einmal beim Spiel zurückgewinnen zu können, aufgab. So flüchtete er in die Einsamkeit.

Im Grunde war dies mehr als nur eine Flucht vor den Gläubigern. Es war der Versuch einer Zuflucht vor den Realitäten des Lebens; heute würde man sagen, er wollte ein alternatives Leben führen. Einige Jahre lebte er in einem Dorf unter ganz einfachen, unverbildeten Menschen, fern von seinen Standesgenossen und der Zivilisation. Doch dann kehrte er in die ihm vertraute Gegend zurück. Dort meldete er sich zur Armee.

Glücklich wurde er auch da nicht. Und so saß er bald wieder in Spielkasinos und führte wieder sein – wie er selber sagte – liederliches Leben mit Spielen, Trinken, Affären. Die Unzufriedenheit mit sich selbst brachte ihn dazu, seine Stimmungen und Gedanken schriftlich zu fixieren, zunächst in Tagebüchern, die er schon in jungen Jahren begonnen hatte, dann aber auch in autobiographischen Beschreibungen seiner Kindheit und Jugend und schließlich, umgesetzt, in Erzählungen und Romanen. So fand er doch noch seinen eigentlichen Beruf, in dem er schnell berühmt wurde.

Sein so umfangreiches Werk entstand letztlich aus der persönlichen Spannung, in der er sein Leben lang blieb, der Spannung zwischen den ethischen Maßstäben, die er sich (und den Menschen überhaupt) setzte, und der Wirklichkeit, in der er lebte. Er war überzeugt, daß die Menschen anders leben müßten, reiner und ohne die vielen Laster, zu denen er auch das Rauchen, das Trinken, das Fleischessen zählte. Diese Laster hätten die Menschen nicht aus Langeweile, meinte er, sondern um ihr Gewissen zu betäuben. Und aus diesem Grunde käme es in der Welt zu so vielen Übeln und Verrücktheiten. Nur um ihr Gewissen zu betäuben, seien die Menschen auch darauf gekommen, den Eiffelturm zu bauen: »Millionen Zentner Eisen vergeudet man, um einen Turm zu bauen; und Millionen Menschen halten es für ihre Pflicht, auf diesen Turm hinaufzuklettern ...« Das sei genauso verrückt, meinte er, wie die Einführung der allgemeinen Wehrpflicht, die dazu diene, andere Menschen totzuschlagen.

Wer war's?

Es war …

1 Die Schriftstellerin Bertha von Suttner, geborene Gräfin Kinsky (1843 bis 1914). Mit ihrem in fast alle europäischen Sprachen übersetzten Roman »Die Waffen nieder!« (1889) gab sie der eben entstandenen Friedensbewegung, in deren Dienst sie sich dann stellte, starken Auftrieb. Sie inspirierte Alfred Nobel, dessen Sekretärin sie eine Zeitlang gewesen war, zur Stiftung des Friedenspreises, mit dem sie 1905 selber ausgezeichnet wurde.

2 Der Komponist Johannes Brahms (1833 bis 1897). Das überschwengliche Lob, das ihm als Zwanzigjährigem in einer Musikzeitschrift zuteil wurde, kam von Robert Schumann, in dessen Frau, Clara Schumann, geborene Wieck, Brahms sich leidenschaftlich verliebte. Seit 1872 lebte der aus Hamburg stammende Brahms in Wien.

3 Der junge Napoleon Bonaparte (1769 bis 1821). Seinen unveröffentlicht gebliebenen Roman schrieb er 1794, als er sich bereits als Offizier ausgezeichnet hatte.

4 Der Maler Emil Nolde (1867 bis 1956), eigentlich Hansen. Er stammte aus Südtondern, lebte zeitweise in Berlin, wo er eine Wohnung hatte, und auf Seebüll in Nordfriesland, wo er sich das Haus baute, das heute das Nolde-Museum ist.

5 Der französische Erzähler Guy de Maupassant (1850 bis 1893). Sein Kollege, der sich aus der Ferne ebenfalls über den Eiffelturm erregte, war Leo Tolstoi. Der 300 Meter hohe Eiffelturm entstand 1889 anläßlich der Pariser Weltausstellung und heißt nach seinem Konstrukteur, dem Ingenieur A. G. Eiffel.

6 Die Malerin Paula Modersohn-Becker (1876 bis 1907). Seit 1898 lebte sie in Worpswede, wo sie den Maler Otto Modersohn kennenlernte. Anders als ihr elf Jahre älterer Mann fand sie in der Künstlerkolonie nicht genug Anregungen. Deswegen ging sie mehrmals nach Paris, wo sie sich besonders von Werken Cézannes und Gauguins beeindrucken ließ.

7 Johann Wolfgang von Goethe (1749 bis 1832) und sein Sohn August (1789 bis 1830), dem er auch die Frau aussuchte, Ottilie Freiin von Pogwisch.

8 Wilhelm II. (1859 bis 1941), König von Preußen und deutscher Kaiser. Bei der Geburt war ihm der linke Arm fast aus dem Gelenk gerissen worden, was die Ärzte aber erst drei Tage später bemerkten.

9 Der englische Erzähler Daniel Defoe (1660 oder 1661 bis 1731). Als Endfünfziger schrieb er seinen weltberühmt gewordenen Roman »Robinson Crusoe«.

10 Die Venus von Milo oder richtiger Aphrodite von Melos. Die antike Marmorstatue wurde 1820 auf der Insel Melos gefunden und dann nach Paris gebracht, wo sie, ohne Arme, teilrestauriert, im Louvre steht. Aphrodite ist die griechische Göttin der Liebe, die an Zyperns Küste als Schaumgeborene dem Meer entstieg. Sie war es, die Helena nach Troja lockte, wodurch es zum Trojanischen Krieg kam. Eine Zeitlang war sie mit dem kunstreichen Feuer- und Schmiedegott Hephaistos verheiratet.

11 Der populärste deutsche Heerführer des Zweiten Weltkriegs: Erwin Rommel (1891 bis 1944), seit 1942 Generalfeldmarschall. Er führte 1940 im Westfeldzug eine Panzerdivision, 1941 das Deutsche Afrikakorps, zuletzt die Heeresgruppe B in Nordfrankreich. Entgegen einer weitverbreiteten Legende hat sich Rommel nicht der Widerstandsbewegung angeschlossen, was er aber nicht mehr beweisen konnte.

12 Der Philosoph Arthur Schopenhauer (1788 bis 1860), der sein Hauptwerk, »Die Welt als Wille und Vorstellung«, in Leipzig bei Friedrich Arnold Brockhaus verlegen ließ. Anerkennung fand es erst im letzten Drittel des 19. Jahrhunderts.

13 Der amerikanische Verleger Joseph Pulitzer (1847 bis 1911). Er stammte aus Ungarn, ging nach Amerika, wo er zunächst für eine deutschsprachige Zeitung schrieb. Später kaufte er den »St. Louis Dispatch« und die »World«, deren Auflagen er durch Skandalberichte hochbrachte. Er ist der Stifter des Pulitzer-Preises, der in den USA jährlich für mutige, enthüllende journalistische Arbeiten verliehen wird.

14 Die Pianistin Clara Schumann, geborene Wieck (1819 bis 1896), Interpretin von Beethoven, Chopin, Schumann und Brahms. Seit 1840 war sie mit Robert Schumann (1810 bis 1856) verheiratet. Aus der Ehe stammten sieben Kinder.

15 Der Reformator Martin Luther (1483 bis 1546). Als er sich so nachdrücklich für eine bessere Bildung der Schulkinder einsetzte, war er vierzig Jahre alt. Einige Jahre später heiratete er die ehemalige Nonne Katharina von Bora; der Ehe entstammten sechs Kinder.

16 Der Dichter Theodor Fontane (1811 bis 1898). Der Siebzigjährige kam mit seinem Roman »Effi Briest« nicht recht voran. Das machte ihn krank. Sein Hausarzt riet ihm, etwas anderes zu schreiben. Da schrieb Fontane »Meine Kinderjahre« und wurde wieder gesund. Anschließend vollendete er »Effi Briest«, schrieb dann »Die Poggenpohls« und noch seinen letzten großen Roman »Der Stechlin«.

17 Der russische Komponist Peter Tschaikowski (1840 bis 1893). Er komponierte unter anderem sieben Sinfonien, drei Klavierkonzerte, ein Violinkonzert, Streichquartette, Sonaten, zehn Opern (darunter »Eugen Onégin«, »Pique-Dame«), Ballette (»Schwanensee«, »Dornröschen«, »Der Nußknacker«).

18 Der Arzt und Dichter Gottfried Benn (1886 bis 1956). Von 1917 bis 1935 hatte er in Berlin eine Praxis als Facharzt für Haut- und Geschlechtskrankheiten. Von 1935 bis Kriegsende hatte er sich, um unterzutauchen, reaktivieren lassen und arbeitete in Hannover und zuletzt in Landsberg an der Warthe als Oberstabsarzt. Nach dem Krieg eröffnete er wieder eine Praxis in Berlin.

19 Friedrich Wilhelm, der Große Kurfürst (1620 bis 1688). Seine erste Frau war Luise Henriette, Tochter des Oraniers Friedrich Heinrich. Aus dieser Ehe stammte Friedrich I., der erste preußische König, der als Kronprinz fürchtete, daß seine Stiefmutter ihn, Frau und Kinder vergiften wollte. Die zweite Frau des Großen Kurfürsten war Dorothea, Witwe des Herzogs Christian Ludwig von Braunschweig-Lüneburg-Celle, geborene Prinzessin von Holstein-Glücksburg.

20 Der Dichter Heinrich von Kleist (1777 bis 1811). Am 21. November schied er am Wannsee bei Berlin zusammen mit Henriette Vogel, die auf hoffnungslose Weise an Krebs erkrankt war, freiwillig aus dem Leben. Kleist war 34, Henriette Vogel 31 Jahre alt.

21 Der Freiherr Friedrich von der Trenck (1726 bis 1794). 1745 kam er auf die Festung Glatz, später auf die Festung Magdeburg, aber nicht — wie er behauptete — wegen eines Liebesverhältnisses mit einer Schwester Friedrichs des Großen, Amalie, sondern wegen des Verdachts verräterischer Verbindungen nach Wien. Nach dem Hubertusburger Frieden (1763) kam er auf Fürsprache Maria Theresias frei. »Des F. Freyherrn von der Trenck merkwürdige Lebensgeschichte« erschien in drei Bänden, zuerst 1787. Kritisch durchleuchtet wurden sie von G. B. Volz: »Friedrich d. Gr. und Trenck«, Berlin 1926.

22 Die Frau des russischen Dichters Leo Tolstoi, Sophie Tolstoi, geb. Behrs (1844 bis 1919). Das von ihm mehrmals stark umgearbeitete Manuskript von »Krieg und Frieden« soll sie siebenmal geschrieben haben! Bis zu ihrer Heirat mit Tolstoi lebte sie in Moskau, und zwar im Kreml; ihr Vater war Leibarzt des Zaren. Erst seit kurzem gibt es eine vollständige Ausgabe ihrer Tagebücher.

23 Der Natur- und Völkerkundler Georg Forster (1754 bis 1794), der aufgrund seiner weiten Reisen die Wissenschaft von der vergleichenden Länder- und Völkerkunde begründete. Zusammen mit seinem Vater begleitete er J. Cook auf dessen zweiter Weltreise. Forster wurde Professor in Kassel, ging später nach Wilna und wurde 1788 Bibliothekar in Mainz. Als begeisterter Anhänger der Französischen Revolution ging er 1793 als Abgeordneter der Republikaner nach Paris, um die Vereinigung mit Frankreich zu beantragen. Daraufhin wurde er in die Reichsacht erklärt. Er starb einsam und im Elend.

24 Der französische Maler Edouard Manet (1832 bis 1883), der »Vater der modernen Malerei«. Sein wohl am meisten bekanntes Bild ist »Das Frühstück im Freien«, das 1863 von der Pariser Ausstellungsjury abgelehnt wurde und das Manet dann im Salon der Zurückgewiesenen ausstellte, wo es aber einen Sturm der Entrüstung hervorrief. Sein letztes großes Bild war die »Bar in den Folies-Bergère«.

25 Der Dichter Friedrich Hölderlin (1770 bis 1843). Zitiert wurde nach »Hölderlin — Eine Chronik in Text und Bild«, herausgegeben von Adolf Beck und Paul Raabe (Insel Verlag).

26 Der Maler Otto Dix (1891 bis 1969). Im Jahr 1927 wurde er Professor an der Dresdener Akademie, 1933 als »Vertreter entarteter Kunst« entlassen, seit 1936 lebte er in Hemmenhofen, Kreis Konstanz.

27 Der aus Weimar stammende Jurist und Schriftsteller August von Kotzebue (1761 bis 1819), dessen Theaterstücke in seiner Zeit die am häufigsten aufgeführten waren, auch in Weimar. Kotzebue stand von 1781 bis 1795 in russischem Staatsdienst. Danach ging er als Theaterdirektor

nach Wien. Als er 1800 nach Rußland zurück-
kehrte, wurde er verhaftet. Wieder in Deutschland,
befehdete er Napoleon, verspottete aber zugleich
die deutsche Turn-Vater-Jahn-Bewegung.

28 Der Chemiker Justus von Liebig (1803 bis
1873). Durch die Einführung der Mineral-
düngung hat er zur Verbesserung der menschlichen
Ernährung entscheidend beigetragen, auch durch
»Liebigs Kindersuppe« und »Liebigs Fleischex-
trakt«. Er ist auch der Entdecker des Chloroform.

29 Der Philosoph, Schriftsteller, Großverdie-
ner Voltaire, eigentlich François Marie
Arouët (1694 bis 1778). Die von ihm geschilderte
Verhaftung in Frankfurt geschah auf Befehl Friedrichs des Großen, an dessen Hof Voltaire eine Zeitlang gewesen war; der Aufenthalt hatte im Streit geendet, nachdem Voltaire sich in Berlin in verbotene
Geldgeschäfte eingelassen hatte.

30 Der Zeichner George Grosz (1893 bis
1959). Wenige Tage vor Hitlers Macht-
übernahme verließ er Deutschland und ließ sich in
den Vereinigten Staaten nieder. Fünf Wochen vor
seinem Tod kehrte er nach (West-)Berlin zurück.
1921 schrieb Tucholsky über ihn: »Er zeichnet
nicht nur, sondern zeigt die Figuren — welche pa-
triotischen Hammelbeine! welche Bäuche! — mit
ihrem Lebensdunst, ihrer gesamten Lebenssphäre
in ihrer Welt! So, wie diese Offiziere, diese Unter-
nehmer, diese uniformierten Nachtwächter der

öffentlichen Ordnung in jeder einzelnen Situation bei Grosz aussehen: so sind sie immer, ihr ganzes Leben lang.«

31 Der Dichter Clemens Brentano (1778 bis 1842), die wohl stärkste und vielseitigste Dichterbegabung der Romantik. Aber seine größeren Pläne blieben alle Fragment. Mit seinem Freund und späteren Schwager Achim von Arnim gab er »Des Knaben Wunderhorn« heraus.

32 Katia Mann, geb. Pringsheim (1883 bis 1980), die Frau von Thomas Mann. Fast alle sechs aus ihrer Ehe stammenden Kinder (Erika, Klaus, Golo, Monika, Elisabeth, Michael) sind oder waren schriftstellerisch tätig. Deswegen sagte sie in ihren »Ungeschriebenen Memoiren«, die aufgrund von Gesprächen entstanden (und aus denen hier zitiert wurde): »Ich sollte immer meine Erinnerungen schreiben. Dazu sage ich: In dieser Familie muß es einen Menschen geben, der nicht schreibt.«

33 Der amerikanische Schriftsteller Mark Twain (eigentlich Samuel Langhorn Clemens, 1835 bis 1910), Autor von »Die Abenteuer von Tom Sawyer« und »Die Abenteuer von Huckleberry Finn«. Auf seiner Vortragsreise durch die Welt mußte er in vier Jahren mehr als 100 000 Dollars verdienen. Das Pseudonym »Mark Twain« bedeutet »Zwei (Fadentiefe) markieren«; Mark Twain war längere Zeit Lotse auf dem Mississippi gewesen.

34 Der Schriftsteller Hans Fallada (eigentlich Rudolf Ditzen, 1893 bis 1947), der sich immer wieder durch Alkohol, Morphium oder Kokain zu entspannen versuchte. Seine bekanntesten Romane: »Bauern, Bonzen und Bomben« (1931), »Kleiner Mann, was nun?« (1932), »Wer einmal aus dem Blechnapf frißt« (1934), »Jeder stirbt für sich allein« (1947).

35 Die »Liedermacherin« — wie sie selbst sich nannte — Anna Louisa Karsch (1722 bis 1791), die »deutsche Sappho« — wie andere sie nannten. Der König, der ihr Hilfe versprach, ihr aber schließlich nur drei Taler schenkte, war Friedrich der Große; sein Nachfolger, Friedrich Wilhelm II., schenkte ihr das Haus. Das erste Bändchen ihrer Gedichte gab 1764 J. W. L. Gleim heraus. Ihre Biographie, von ihr selbst erzählt, wurde 1981 von Barbara Beuys neu herausgegeben (im Societäts-Verlag).

36 Der Roulettespieler, der ein Jahrzehnt lang dem Spiel verfallen war und meinte, viel Geld gewinnen zu können, aber am Ende nur verlor, war der russische Dichter Fjodor M. Dostojewskij, geboren am 11. 11. 1821 in Moskau, gestorben am 9. 2. 1881 in St. Petersburg. Der große Roman, an dem er während jener Zeit arbeitete, war »Schuld und Sühne«, der kleine, den er zwischendurch diktierte und in dem er seine Spielbesessenheit literarisch umsetzte und schließlich doch zu einem Gewinn machte, war »Der Spieler«.

37 Der französische Baron Pierre de Coubertin (1862 bis 1937), der die Wiederaufnahme der antiken Olympischen Spiele durchsetzte. Sein Herz wurde in Olympia beigesetzt.

38 Der Lyriker und Erzähler Eduard Mörike (1804 bis 1875). Er war Pfarrer in Cleversulzbach, von 1834 bis 1843, später Literaturlehrer am Stuttgarter Katharinenstift. Mit seinen Gedichten, Erzählungen, Novellen gehört Mörike zu den Dichtern des Biedermeier.

39 Der Minister Matthias Erzberger (1875 bis 1921). Er gehörte der Zentrumspartei an und war seit 1903 Mitglied des Reichstages. Er unterzeichnete den Waffenstillstand von Compiègne. Als Reichsfinanzminister führte er die reichseigene Steuerverwaltung ein. 1918 hatte der konservative, katholische Monarchist versucht, die Monarchie zu erhalten.

40 Goethes Schwiegertochter, Ottilie Freiin von Pogwisch (1796 bis 1872). Ihr Mann, Goethes einziger Sohn (1789 bis 1830), starb während einer Italienreise in Rom.

41 Der Schriftsteller Stefan Andres (1906 bis 1970) aus Dhröchen bei Leiwen, Kr. Trier. Seine Kindheitstage in der väterlichen Mühle und auf dem Hof in Schweich an der Mosel beschrieb er in dem 1953 erschienenen autobiographischen Roman »Der Knabe im Brunnen«.

42 Der britisch-südafrikanische Kolonialpolitiker Cecil Rhodes (1853 bis 1902), bedeutendster Vorkämpfer des britischen Imperialismus in Südafrika. Von 1890 bis 1896 war er Premierminister der Kapkolonie. 1889 gründete er die »British South Africa Company«, die die Gebiete des 1895 nach ihm benannten Rhodesien erwarb.

43 Otto I., König der Hellenen (1815 bis 1867). Er war der zweite Sohn König Ludwigs I. von Bayern, der sich als Philhellene fühlte und viel zur Befreiung der Griechen von der türkischen Herrschaft beigetragen hatte. Otto wurde 1832 von der griechischen Nationalversammlung als König anerkannt. 1862 wurde er abgesetzt. Da er keine Kinder hatte, folgte auf dem griechischen Thron die dänische Dynastie.

44 Der amerikanische Schriftsteller Thomas Wolfe (1900 bis 1938): »Schau heimwärts, Engel«, »Von Zeit und Strom«, »Es führt kein Weg zurück«. Sein letzter Berlin-Besuch fiel mit den Olympischen Spielen von 1936 zusammen.

45 Sophie von Laroche, geborene Gutermann (1731 bis 1807). Sie schrieb den zweibändigen Roman »Geschichte des Fräuleins von Sternheim«. Ihre Tochter Maximiliane wurde die Mutter von Clemens Brentano und Bettina von Arnim.

46 Der Arzt und Schriftsteller Alfred Döblin (1878 bis 1957). Sein umfangreiches literarisches Werk umfaßt Romane, Novellen, Essays, szenische Darstellungen. Einer seiner berühmtesten Romane, »Berlin Alexanderplatz«, wurde von Rainer Werner Fassbinder verfilmt.

47 Der schweizerische Kunst- und Kulturhistoriker Jakob Burckhardt (1818 bis 1897). Berühmt wurde er durch sein Hauptwerk »Die Cultur der Renaissance in Italien« (1860). Aus dem Nachlaß erschienen die vierbändige »Griechische Kulturgeschichte« und seine »Weltgeschichtlichen Betrachtungen«, die noch heute viel gelesen werden.

48 Der Dichter Wolfgang Borchert (1921 bis 1947). Sein im Januar 1947 geschriebenes Heimkehrerdrama »Draußen vor der Tür« (zunächst als Hörspiel im Rundfunk gesendet) wurde am 21. November 1947 in den »Hamburger Kammerspielen« uraufgeführt. Am Tag zuvor war Borchert im Clara-Spital zu Basel gestorben. – Die Darstellung folgt der Borchert-Monographie von Peter Rühmkorf, 9. Aufl., Reinbek 1970.

49 Der Jurist und Philosoph Christian Thomasius (1655 bis 1728). Er lehrte zunächst an der Universität Leipzig, als einer der ersten in deutscher Sprache, und dann, nach dem Verlust seines dortigen Lehramts, an der von ihm mitbegründeten Universität im preußischen Halle.

50 Der Dichter Nikolaus Lenau, eigentlich Nikolaus Niembsch, Edler von Strehlenau (1802 bis 1850). Er schrieb Gedichte, politische Dichtungen, Versepen. Peter Härtling schrieb über ihn die »Suite« »Niembsch oder der Stillstand«.

51 Die Habsburgerin Marie Louise (1791 bis 1847), Tochter Kaiser Franz' II. Sie wurde 1810 an Napoleon verheiratet, dem sie 1811 einen Sohn gebar, den »König von Rom«, der später »Herzog von Reichstadt« genannt wurde. Nach Napoleons Abdankung kehrte Marie Louise nach Wien zurück (mit ihrem Sohn) und erhielt die Herzogtümer Parma, Piacenza und Guastalla. Sie heiratete den Grafen Neipperg, mit dem sie mehrere Kinder hatte, und nach dessen Tod den Grafen Bombelles.

52 Der Schriftsteller Wilhelm Hauff (1802 bis 1827): »Mitteilungen aus den Memoiren des Satans«, »Phantasien im Bremer Ratskeller«, »Lichtenstein«, »Das Wirtshaus im Spessart«, »Märchenalmanach für Söhne und Töchter gebildeter Stände« und anderes.

53 Der Maler Ernst Ludwig Kirchner (1880 bis 1938), den die Nazis als »Entarteten« eingestuft hatten. Zitiert wurde aus einem Brief an Emil Nolde (aus dessen Memoiren-Band »Reisen, Ächtung, Befreiung«).

54 Der Schriftsteller, Jurist, Politiker Ludwig Uhland (1787 bis 1862). Er gehörte 1848/49 der Nationalversammlung in Frankfurt an. Sein bekanntestes Gedicht ist das »Lied vom guten Kameraden«, dessen Vers »Als wär's ein Stück von mir« Carl Zuckmayer zum Titel seiner Lebenserinnerungen wählte. Kurze Zeit hatte Uhland an der Universität Tübingen eine Professur für deutsche Sprache und Literatur.

55 Der amerikanische Erzähler John Steinbeck (1902 bis 1968). Zu seinen bekanntesten Werken gehören: »Von Mäusen und Menschen« (1937), »Früchte des Zorns« (1939), »Die Straße der Ölsardinen« (1945), »Jenseits von Eden« (1952), »Meine Reise mit Charley« (1962), »Amerika und die Amerikaner« (1966). Im Jahr 1962 erhielt Steinbeck den Nobelpreis für Literatur.

56 Der Maler Johann Heinrich Wilhelm Tischbein (1751 bis 1829). Er ging nach Rom, wo er 1786/87 sein berühmtes Bild »Goethe in der Campagna« malte. Mit Goethe reiste er nach Neapel, wo er 1789 Akademiedirektor wurde. Später ging der gebürtige Hesse zurück nach Kassel, dann nach Hamburg, schließlich nach Eutin.

57 Der russische Dichter Graf Leo Nikolajewitsch Tolstoi (1828 bis 1910)